오늘은
자주조희풀
네가 날
물들게 한다

김창진의 들꽃시집

오늘은
자주조희풀
네가 날
물들게 한다

신구문화사

책머리에

세 분의 지기가 대학 강단에서 정년퇴임하더니 부지런히 산과 들의 꽃을
사진으로 담아 와서 그날 아니면 다음 날 영상으로 나에게 보내 주었다.
나도 그날 아니면 다음 날 시랍시고 써서 화답했다.
헤아려 보니 3년간 천 편이 넘었다. 보내 준 거의 모든 꽃들에게 대꾸했다.
그들이 나에게 꽃을 메기고 나는 그것에 추임새처럼 메긴 것이다.
2백여 편을 여기에 옮겼다.
꽃은 산山으로 가버렸고
내 그리움만 남은 것 같다.

2013년 3월 지은이

사사 謝辭

야생화의 사진을 영상으로 보내 주신

우계 이상옥(서울대학교 영어영문학과 명예교수)
모산 이익섭(서울대학교 국어국문학과 명예교수)
백초 김명렬(서울대학교 영어영문학과 명예교수)
세 분 선생께

200여 편을 골라준 채정에게

그리고 신구문화사 제위

고맙습니다.

김 창 진

차례

책머리에 ···4

사사謝辭 ···5

제1부

산작약 ···12 덩굴닭의장풀 ···13 풍도 기행 ···14
변산바람꽃 ···16 산자고 ···17 산괴불주머니 ···18
동강할미꽃 ···19 붓꽃 ···20 쪽동백 ···20 깽깽이풀 ···21
곰배령 ···22 연령초 ···23 매화노루발 ···24 보리 ···25
자주꿩의다리 ···26 둥근이질풀 ···27 금꿩의다리 ···28
왜박주가리 ···29 일식 ···30 중나리 ···31
금꿩의다리 ···32 바늘꽃 ···33 소경불알 ···34
솔체꽃 ···35 층층잔대 ···36 배풍등 ···37 투구꽃 ···38
누린내풀 ···39 솔이끼 ···40 물매화 ···41 바람 ···44
건란 ···45 구슬붕이 ···46 흰설앵초 ···47
담쟁이덩굴 ···48 꽃마리 ···49 고마리 ···50 곤줄박이 ···51
박새 ···51 자주조희풀 ···52 변산바람꽃 ···54 설죽 ···56
앉은부채 ···57 너도바람꽃 ···58

제2부

노루귀 … 60 들바람꽃 …61 복수초 …62 그 새소리는 …64
산자고 …65 강원도 산골 진달래 …66 으름덩굴 …67
은백양 …68 얼레지 …69 애기괭이눈 …70 운두령 통신 …71
아지랑이까지 …72 층층나무꽃들 …73 제비꽃 …74
은방울꽃 …75 장욱진 화백 고택 …76 광릉요강꽃 …78
연령초 …79 참꽃마리 …80 매발톱 …81 유월 철쭉 …82
자란초 …83 금강애기나리 …84 은방울꽃 …85 두루미꽃 …86
우단담배풀 …88 조릿대꽃 …90 큰방울새란 …92

제3부

운문사 …96 석남사 …97 꽃의 쉼 …98 금마타리 …99
박새(꽃) …100 요강나물 …101 홍련 …102 냉초 …103
말나리 …104 동자꽃 …106 잔대 …107 술패랭이 …108
큰제비고깔 …109 제비동자꽃 …110 멸가치 …113
자주꽃방망이 …114 잔대 …116 금강초롱 …118 뚝갈 …119
흰진교 …120 큰꿩의비름 …122 당분취 …123
금강초롱 …124 산박하 …126 물봉선 …128 둥근이질풀 …130
쥐손이 …131 화악산 금강초롱꽃 …132 가을 …133
고마리와 쥐손이 …134 숫잔대 …136 누린내풀꽃 …138
큰엉경퀴 …139 흰고려엉경퀴 …140 닭의장풀 …141
나팔꽃 …142

7

제4부

쑥부쟁이 ···144 싸리꽃 ···145 물매화 ···146
쑥부쟁이 ···148 개쓴풀 ···150 통퉁마디 ···152
자주쓴풀 ···154 층꽃풀 ···156 산국 ···157
용담 ···158 댕댕이덩굴 ···160 정선바위솔 ···162
놋젓가락 ···163 꼬리겨우살이 ···164 노박덩굴 ···166
억새 ···167 변산바람꽃 ···168 해국 ···169
설중화 ···170 만주바람꽃 ···171 철쭉 ···172
흰민들레 ···173 각시붓꽃 ···174

제5부

꽃다지 그리고 홀아비바람꽃 ···176
금난초 그리고 은대난초 ···177 오월에 ···178 해당화 ···179
골무꽃 ···180 매발톱 ···181 갯완두 ···182
모도의 띠 ···183 방울새란 ···184 매화노루발 ···186
큰방울새란 ···187 연 ···188 흰여로 ···189
마타리 ···190 층층이꽃 ···192 저녁바다 ···193
개곽향 ···194 철골소심 문향 ···195
화악산 금강초롱꽃 ···196 구절초 ···197 곰배령 꽃들 ···198
산꼬리풀 ···201 선자령 쑥부쟁이 ···202 물매화 ···204
놋젓가락나물 그리고 개버무리 ···205 도깨비바늘 ···206
청미래덩굴 열매 ···207 학암포 해변 ···208 11월 ···209

산부추 …210   세잎꿩의비름 …211   빛깔 …212
대관령 …214   변산바람꽃 …215   노루귀 …216
산괭이눈 …217   올괴불주머니 …218
산자고 그리고 춘란 …220   생강나무 …222   갈퀴현호색 … 223
느쟁이냉이 …224   개불알꽃 …226   큰괭이밥 …228
갯메꽃 …229   눈물 …230   산해박 …231   어리연꽃 …232
사마귀꽃풀 …233   금강애기나리 …234   큰용담 …235
산국 …236   마키노국화 …237   송추계곡 단풍 …238
초우재 어제 …239

跋 사람, 꽃 그리고 시(김명렬) … 240

一

제 1 부

ⓒ이익섭*

산작약

■

새댁 입술의 발열發熱
이파리의
머엉함

■■

신열 끝의 오한
새댁 입술
저 마름

---
*꽃 영상을 보내 주신 분 (이하 모두 같음)

덩굴닭의장풀

종이학鶴
천년의 꿈
그 비상飛翔
온 세상의 긴장이어

ⓒ이상옥

ⓒ이익섭

풍도豊島 기행

1
노랑과
보라와
순백에 내 눈이
물들었더니
풍도 근해
오요요 강아지의 작은 섬들이
어이하여 하마 떼
날 외면하구나

2
뭐라고 하더라
복수초의 그 노란 꽃잎의 빛깔을
우리 모두 반하게 하던 그 감탄을
통통배 바닥의 흔들림이
그만 앗아 가버렸으니
멀어져 가는 귀에는 아우성이
아득해지는 눈길에도 그 천군만마
노루귀의 레이더 꿩의바람의 질주
변산바람의 하얀 변신 대극의 포신砲身
중의무릇은 뒤넘어 오고
봄의 첨병들은 이리 일사분란하여라
아이고 어느새 손들었다면서
춘군사단春軍師團의 기습에게
자라리 손흔들었다네
복수초의 선명한 빛깔
그 세상 앞에서
아 개지치꽃
기지개 앞에서

ⓒ이익섭

변산바람꽃

숙주나물의 여린 빛깔
거기 담청淡靑도 속삭였다
50년대 그런 시절이었겠지
저고리 치마 블라우스 아니면
스카프였다
환한 대낮 햇빛 속에서 그늘로
들어오고
더욱 눈부셨던 그녀의 살갗
아니아니 그녀 마음의 속살
그 화사함에 선머슴애 내가 들어오고
만났습네
아득한 그녀
변산바람꽃

ⓒ이익섭

ⓒ이상옥

산자고

현해탄 너머에서
공부하고 온 누나가
모던한 자수의
밑그림을 떠놓고는
저런 매형이
있을라구
어디 있을라고
쓰다듬어지지 않는
저 꽃잎에
사로잡혔더랬지

산괴불주머니

그녀가
노란 한삼汗衫을 입고
기대어 오다
괴불주머니처럼
벌어진 꽃의 저 너머에
거距가 달린다는데
내 눈은 온통
노래지고
조용했던 내 연정戀情마저
오늘은
노오래진다

ⓒ이상옥

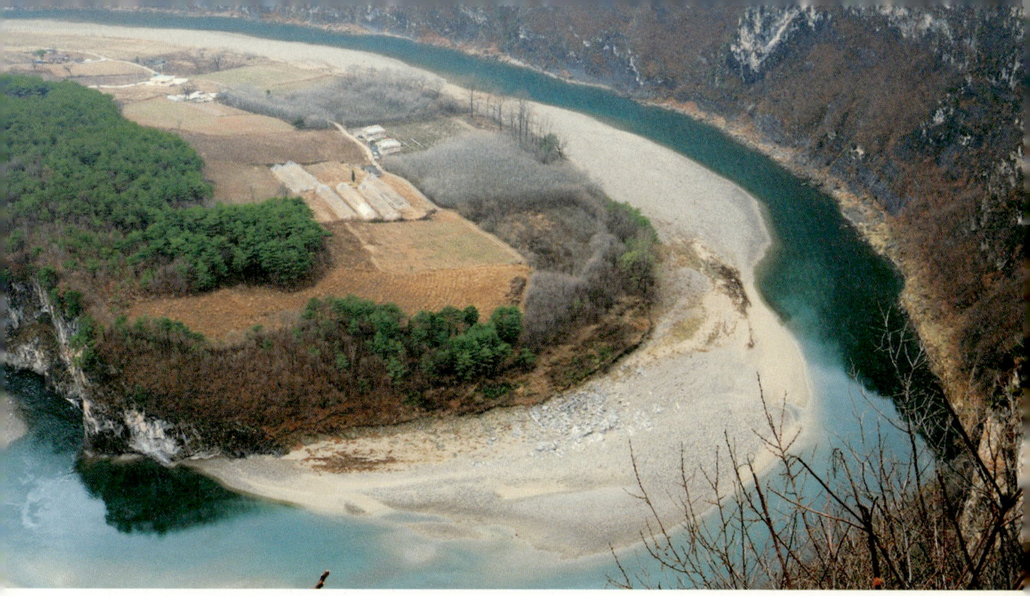

ⓒ이익섭

동강할미꽃

■

강물이 휘어휘어
천리경千里鏡이 되고
거기 비친 할매들이
꽃이 되었다지

■ ■

날 키운 건
팔할이 바위이고
구할이 저 강물이고
십할이 잠자는 바람인 것을
햇빛은 모른 척
강너머 가고 있네

ⓒ이익섭

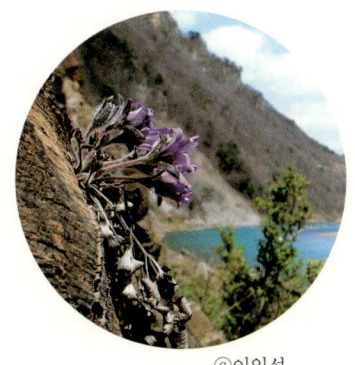

붓꽃

지천명知天命
내 나이의 이 황홀함을
네 입지立志의
그 풋풋함이어

ⓒ이상옥

쪽동백

오월 한낮
쪽동백
정적靜寂의 그늘만
드리우니

ⓒ이익섭

깽깽이풀

내 홍상紅裳은
시들해져도
햇빛의 충전은
6.5 볼트
내 꿈을
아직도 환히
밝히지라우

ⓒ이익섭

ⓒ이익섭

곰배령

세월은 입하立夏인데
곰배는
느릿느릿
2월을
숨쉬고 있네

ⓒ이상옥

연령초

저들 잎
녹의綠衣의 넉넉함인가
하얀 화판花瓣에
시를 쓰지
돌아서면 도로
하얘져버린
내 사랑
또
시를 쓰지

매화노루발

내 나이 2 2/3세였을 때
외할아버지와 외할마가
한국의 서해안 쪽의 한 섬에
날 데리고 가셨단다
아, 이 그림
매화노루발이라는 이 꽃 사진을
보고 있으려니
아득한 내 유아의 세월
거기 젖빛 같은
우유 냄새의 코끝에 남은 기억
노루발 잎새에 아장거리던 시절이여

　　　　　－우계 외손녀를 위한 헌시

ⓒ이상옥

ⓒ이익섭

보리

전해 오기를 전에는 전에는 보리사리 – 라는
벌판 귀퉁이에 연기가 사리사리 피어오르는
코흘리개 머슴애들의 숨은 축제가
있었다는데
그렇잖으면
온 유월 대낮
들판의 정적을
누가 흔들었으랴
이 한여름 어쨌을라구

자주꿩의다리

왜 꿩의다리 – 라는 이름인지
되씹다가 되씹다가
아니 저 꽃잎들이
예쁘게 예쁘게 되씹혔네
노모가 옆에서
손가락 펴며 소꿉놀이 시절
가락지의 그 꽃을
대여섯 유년시절의
아 토끼풀꽃의
그 활짝 핌이여
되씹네
되씹네

ⓒ이상옥

둥근이질풀

환하여라
태양 빛
눈부심에
화안하여라
태백댁 화전火田 가의
둥근이질풀이어
바람서방
바지춤 내리고
오줌 누고 간 자리
내 허리를 펴면
이질풀꽃
이 빠진 웃음이
저리 환하구나

ⓒ김명렬

ⓒ김명렬

금꿩의다리

1950년대 나는 나일론의 노타이로 면장 집 딸의 원피스에 겨루었는데 노타이 주머니에서 비친 럭키스트라이크의 담배갑이 일품이었는데 그 원피스엔 역부족이었지 아지금 생각하니 금꿩의다리가 그녀의 원피스에 아슬히아슬히 보였는가 보다
아니아니
그 원피스 무늬의
1950년대식 화려함이어
마을 고샅 끝의
신작로에서
그 꽃
눈흘기며
겨루었는데

왜박주가리

호젓함
뒤에는
날고 기는
분주奔走가 있어
꽃을 피웠지만
나는
여전히
호젓하다

ⓒ이상옥

ⓒ이익섭

일식 日蝕

내가 낮잠을
자고 있을 때
달이 해를
가리고
잠자리의
고공은
망망茫茫해졌네

ⓒ이익섭

중나리

이제 겨우
칠월의 종착
저 예민한 꽃술의
후각
선자령엔
시월이 잡혀 오고 있어라

금꿩의다리

비오는 날
선보러 갔더니
그 집 처녀는
병풍 앞에 앉아 있었습니다
그림의
저 꽃 옆에서
다소곳했습니다
저 꽃 이름을 알았으면
내 첫말이
그때
피었을 텐데

ⓒ이익섭

ⓒ이상옥

바늘꽃

바늘을 산속에
잃어버리고는
주막등酒幕燈의 불빛 아래에
와서 찾는다더니
다음날
환한 대낮
그 바늘이 웃으면서
산속에서
엉뚱히
저리 피었네

ⓒ김명렬

소경불알

소의 것이 아니고
소경의 것이라니
여름날 소 몰고 가는
아비 뒤를 따랐더니
햇빛의 장난이라
소의 것과
삼베바지 속 아배 진자振子가
함께함께 흔들리는 것입니다

솔체꽃

꽃의 천연에
시샘하는가
수북하다
소복하다
저 현현泫泫
오
현란이제
그대 현란이제
솔체꽃아

ⓒ이익섭

ⓒ이익섭

층층잔대

등燈을 달고
그리움마다
등을 달고
늦하늬 건너간
해협海峽이
아득하구나

배풍동

■

부리 긴
한 마리의 새
초원을 쏘다

■ ■

서해의 낙조
날 익혀 놓고
스러지다

ⓒ이익섭

ⓒ이익섭

투구꽃

갑옷을 걸어 놓든
투구를 매달든
저 한 짐
우리들 삶의 부스러기
세월의 등짐 같으이
아니
유유한 자연의
뒷짐 같아라

누린내풀

등만 돌리면
남이라더니
광목 날
풀멕인
등이
저기 있어도
등 넘어
하룻밤
이리 고와라

솔이끼

물구나무서야
슬픔이
보이는
저 세계
끝없는 저음의
나락奈落
아니
영혼의
한없는 매혹

ⓒ이상옥

물매화

1
스물도 같고
마흔도 같은
너
서른에도
흔들리지 않을 것 같은
너
바람 한 점 없이
피고 있는
꽃이어

2
날 언덕에
세워 보아라
바람 속에 놓아 보아라
네가 흔들릴지니
꽃은 가만 있어도
네가 언덕을 넘고
바람에 몰릴 테니
옛에도
그랬고
쉰쉰 지금도
그러하거늘
꽃이어
너는 가만
있거라

ⓒ이상옥

3
긴 깃대 끝
널 생각했는데
긴 장대에서
펄럭이어 펄럭이어
애잔한 너를
생각했는데
내 가난의
눈길이
네 앞에서
그만 무안ㅎ구나
그리움에
여윈 내 앞에
이 풍만한
가시나야
대문 열며
맞닥드린
낯선 여인아

ⓒ이상옥

ⓒ이익섭

바람

바람을
보았느냐
저 세월의 갈피
나뭇잎들의 물결
오
이 세상에
바람 온다네

건란 建蘭

"백초가 미국 따님이 이사를 하였다고 (…) 그저께 떠났는데 가면서 건란을 맡기고 갔습니다. 간 사이에 꽃이 필 것 같아 아까운 생각이 들어 맡기고 가니 보살펴 주면서 감상하라고요. 그런데 어제 밤에 야금야금 입을 벌리기 시작하더니 오늘 오전에 두 송이가 만개하여 향까지 뿜기 시작하네요. 아, 난초가 피면 벗들을 불러야 되는데… 남의 난초인들 난초가 아니랴."(모산)

모니터 속의 한 난초가 바람을 피우다 난향蘭香이 바람이 되어 어찌 피우지 은은함이 아니라 코끝에 가득 차다 주인이 스뭇 날이나 집을 비운다며 이웃동네 집에 맡겼더니 아 어찌 남의 품에서 꽃을 피우지 그러니까 그러니까
꽃길이 있었겠지
그 집에서 이웃집으로
이어져 가는
그 길에
나도 오늘 바람을 피운다
저 전신기의 모니터 속에서
내 코에까지

ⓒ이이섭

구슬붕이

당신은 빅터라는 브랜드의 긴 나팔관의
음향기를
떠올리도록 하고
나는 친구를 입술 유달리 내밀었던
한 사제司祭를 그리워하고
우리 이 둘 아니면
추석날 때때의 바짓가랑이 끝에
서툴게 서툴게 동여매었던
대님의 빛깔
아니 아니
마당귀 저쪽에서 팽하니
구을러 와서
대님 빛에 영롱하던
구슬의 멈춘
그 한 순간
우리 어린 날 현란이게

ⓒ이상옥

흰설앵초

뮤즈여
영혼을
섬세한 그물로
엮을 수 있다
면서?
이 어둔 세상에
흰설앵초여
내 영혼을
밝힐 수 있다고
꽃이어
두 손 모아
고운 넋이어

ⓒ이익섭

담쟁이덩굴

당신과 내가
요코하마에 입항하고
아니
필라델피아에
입성할 때
당신의 검은 머리 단에
저 스카프를
내 목 아래 가슴에는
저 목댕기 한게치프
장정壯征의 깃발
백년의 담벼락 저 억척에
우리의 춘운春運
낯설게 낯설게
좀 펄럭이자구나

ⓒ이익섭

꽃마리

■

꽃부리 지름이 2미리라니 남색의 다섯 꽃잎 내 눈에는
이제 줄어지지 않는다 꽃이삭들이 태엽처럼 말려
있다가
도르르 풀리면서 이름마저 꽃마리로 핀다는데
누가 보았을까
내 마음 도르르 말렸는데
봄날은 풀리지 않느니

■■

저 다섯 잎 꽃들이 표정이 서툴지 않는가
다섯 꽃들의 배열도 그 아래 꽃망울들의
한 데 옹송거리는 양도 서툴지 않는가
창조의 첫 페이지
그 서투름이
내 서투름에 와서
전율하나니

ⓒ이상옥

고마리

불꽃 한가운데의
염심焰心
그 빈 마음
고마리
꽃술이어

ⓒ이상옥

곤줄박이

새의 우주는
눈에
다 모였고
그 눈에
움찔한다
내 영혼은
그렇다니까

ⓒ이익섭

박새

밀어密語가
옹알거리네
섣달 내내
얼었던

ⓒ이익섭

ⓒ이상옥

자주조희풀

1
라틴 아메리카를
생각해야 하나
아프리카를
이베리아반도
그 핏줄
돛단배의
항해航海
파랗게
파랗게
오
진한 계집애의
입술이어

2
그대의
성장盛裝이
날
물들게 한다
장독대에
두고 온
다알리아의
그 보랏빛
오늘은
자주조희풀
네가
날
물들게 한다

ⓒ이상옥

변산바람꽃

1
꽃의 애교
봄의 교색嬌色
수리산
변산바람꽃
겨울 끝물을
벗어버린
봄의 나상裸像
필 때는
언제고
부끄러워라

2
두바이쪽의
왕실에서였던가
저 꽃술의
꽃밥의 빛깔
왕자의 턱밑
가슴께의
엷은 자줏빛의
은은한
화사華奢
오늘은
수리산에서였는데
꽃들 뒤
변산바람의
황홀이
졸 듯
숨고른다

ⓒ이상옥

설죽雪竹

얇은
한지를
살짝 발랐는데
그래
숨죽은 줄
알았는데
바람엔가
햇빛엔가
저 되살아나는
양이
댓닢인가
춘잠春蠶인가
풀비 든
손이
나 몰래
떨고 있어라

ⓒ이익섭

앉은부채

똬리를
트는
지구
저 조춘早春의
잉태
심한
배앓이

ⓒ이상옥

ⓒ이익섭

너도바람꽃

통발로
강물을 짚으면
어쩌다가
퍼덕거리는
저
햇볕이
눈 속을 짚었나
저
퍼덕여 오는
한 송이
너도바람꽃

제 2 부

ⓒ이상옥

노루귀

저 긴 꽃줄기의
솜털
햇살 받은
유년의
가슴앓이
흔적
바람의 소문은
담홍淡紅의
꽃에서만
송이가
되는가 봐

ⓒ이익섭

들바람꽃

나무 등걸에
꽃을 피운다
들바람꽃을
우리들에게
약년若年이 있었던가
지금은
들바람이 불지 않고
노년老年이 등걸처럼
누워 있다
우리들 약년에
바람이 있었던가
오늘은
불지 않으니

복수초

1
복수초
화관花冠
월식月蝕의
달빛
받다
저
월정月精
월잉月孕의
호젓한
고비

ⓒ이익섭

2
고개도 가누지 못하지
한 놈은 꽃잎 하나만이
세상을 비집다
지치고
그러니까
피난길 곳간차의
지붕 위에서
저기 웃목의 콩나물시루에서
아랫목 이불 속
그 숨막히게 익어가는
밀주의 소곤거림
이 세상살이
여명의 예행의 시그널
너 복수초
풋잎 시절이어

ⓒ이익섭

그 새소리는

조용하네요 그런데 새벽 오줌길에서 만나는 하모니카 가장 높은 음의 금속성의 피리를 듣는 것 같은 별빛의 결이라도 가르는 것처럼 예리히 들려오는 그 새소리는 어떻게 되지요 봄이 오는 것마저 신새벽 잠에 심란케 하던 오래 전부터 묻고 싶었던 이 이야기를 그 소리를 듣고 난 뒤에도 또 잠은 이어져서 아득해버린 것이었는데도 용케도 오늘 아침은 떠올리며 묻고 있네요 아, 떠올리기가 무엇했을 것입니다
새벽 오줌길에서
또는 뒤숭숭한 꿈길에서
겨울의 끝물이 아직 밤바람에
묻어 있을 때 그래서 아직 봄이
올 거라는 확신이 어쩌면 멀어진다는
느낌에서
어떻게 되지요
그 새소리는

산자고

산자고에도
그늘이 있다
이거지
저 모래밭에서도
자의식
그 그늘
처음으로
생각의 집을
생각는다
이거지

ⓒ이익섭

ⓒ이익섭

강원도 산골 진달래

저 꽃
진달래여
어쩌지
겨우 달랜
내 마음을 다시 분란케 하는
선혈
뚝뚝의
늦은 봄날의
유혹이여

으름덩굴

버마에서인가 사이공에서인가 프랑스 식민지에선가 그 애가 이륜二輪의 마차를 타고 사륜에서였지 수도원의 학교에서 그리고 윤선輪船을 타고 눈부신 그리움을 파라솔이 덮고 있었던가
오늘은
으름덩굴이
내 마음 식민지에
환하게 비집고 온다

은백양 銀白楊

한 열흘 전에 마을 뒷산의 어느 골에서 은백양의 한 무리를 만나서는 내 죽으면 한 줌 가루가 되어 저 자락에 흩어지기를. 오늘 아침 그 백은동白銀洞의 미루나무들이 사라져버렸다 내 망연한 눈에 별빛처럼 쏟아져 있는 작디작은 개지치꽃이 산골散骨마냥 나를 달랜다
마음 있을라구 그날에도
마음 있을라구
저 흔해 빠진
쇠뜨기 잎마다에
바늘 끝 같은
이슬이
이 아침 빛나고 있다
그래 마음 저리
영롱할라구
그날에

ⓒ이익섭

얼레지

눈사태로
풍향의 깃발은
내내 침묵이고
프로펠러 비행기는
그냥 회항 중이다
잔해殘骸처럼 뒹군
한 잎 낙엽의 빈 대합실
얼레지 푸른 잎들은
춘면春眠에 너부러진
꿈결이다

애기괭이눈

애기괭이눈이 다 모였다 어둠이 조금은
물러나면서 더 짙어졌다
괭이 울음소리 안 들려도
어둠의 바다
꽃들의 세정世情이
섬처럼 떠 있다

ⓒ이익섭

ⓒ이익섭

운두령 통신

그걸 뭐라고 하지 다섯 손가락과 다섯 손가락 사이를
지나며
생각의 교각橋脚을 팽팽히 세워주던 타래실의 조율調律
나뭇가지 사이를 오간
거밋줄이어
이슬 무게의 팽팽함
이 아침
운두령을
홀로 선너고 있어라

아지랑이까지
– 심전心荃에게

나도 병으로 시들시들해서 쉰 날 지나서야 당신을 찾았
는데 한 시간도 못 되어 허리가 아파 마루에 서성대고 당
신은 눈감고 날 잊고 있네 뿐이겠는가 10년 전엔가 한
친구가 보내 준 난분蘭盆 그 긴 세월에 이제는 피었다고
들어서는 나에게 자랑하더니 당신과 나는 그만 지란芝蘭
의 향香을 잊었네
이름마저 잊고 있네
이끼 속에 숨은
두란豆蘭
뿌리를 허옇게 들어낸
저 기왓장 골에서
우리의 우의友誼를
짚고 있는
풍란風蘭 발의 얼키설키
창밖
진달래
아득히 아지랑이까지

층층나무꽃들
– 단호^{丹湖} 김재은 펜화전^展에서

펜화의 하늘은 연필화의 지우개가 그린다 연산^{連山}은 자
연^{紫煙}인 듯 아물아물하다 벌린 악어의 입 같은 좁디좁
은 만^灣 그 아래턱 기슭의 긴 반도에 길보다 먼저 겨울의
백양들이 줄지었다
핏줄의 실과 실 그 사이를 비집고 숨쉬는
잊은 듯 잊은 듯
수면의 저 그늘
촘촘한
6호짜리
펜화가
대양^{大洋}의 기슭처럼
느릿해 온다
경기도 화성의 313번 도로변
한 그루 층층나무의
총총한 꽃들
5월의 오후가
느릿해 온다

ⓒ이익섭

제비꽃

당신이 제비꽃을 제비꽃이 날 디자인하다인가
아니
부분이 세상을 디자인하다
저 쉽게쉽게의
미장美匠이
내 오랜 틀을
어려이어려이
부수고 있다

은방울꽃

잎은 잎대로
꽃은
꽃대로
제 그림자에
빠져 있는 것을
은방울꽃
5월
한낮

ⓒ이상옥

ⓒ이익섭

장욱진 화백 고택

1
저 창호지 문에 누가 구멍을 뚫었을까 방안에서 바깥 훔치느라였을까 눈이 오나 5월의 그림자가 어디쯤 오고 있는가 환쟁이의 젊은 날인가 늙어서 외로워졌을 때인가 하룻밤 묵고 간 과객過客 짓인가 바깥에서 머슴놈이었을까 툇마루에 걸터앉아 딴에는 곰살갑게 손가락 끝에 침 바르고 귀 후비듯이 그러나 무엇을 들었을까

저 한 장의 장벽에서
울고 있는 애틋함이어
그날처럼
손가락이
떨고 있어라

2
저 무게
자물통이
풀려 있어도
누구도
열지 않은
저 오랜
정적靜寂
5월의
잎들이 몰려오는데
절로 열려라
관자득재觀自得齋의
곳간이어
문짝이어

ⓒ이익섭

광릉요강꽃

꽃의 비행대가 활강滑降 직전 저기 미끄러지면
이슬방울들의 소스라침
연잎처럼 펼쳐진 활주로가
요강처럼 오물아 든다
이 아침
봄날 비상
광릉발發
꽃소식

ⓒ이익섭

ⓒ이익섭

연령초

비단 옷
벗어버리고
베적삼으로
갈아입어도
당신은
고운 여인
이 아침
맨살의 당신을
훔치노니

ⓒ이익섭

참꽃마리

참꽃마리를
보고 있으면
저 꽃보다 더 자라버린
외손녀의 시절이 겹쳐오고
그 옆의 쇠뜨기의
시원한 성장 길에 아연啞然이겠다
마디마디를 뽑을 때마다
중력의 그 빈 감각지대를
우리는 그립는다
그래 한참 깔깔거려라
저 꽃들
참꼬마리
꼬맹이들도

매발톱

너는 매발톱이고
주문진의 삼교리에서
초우재로 시집온
낯선 꽃은 하늘매발톱이고
그런데 오늘은
네가 하늘이고나
히말라야 산정山頂 길에서
펄럭이던 색색의 천의 조각들
천千의 소원들
태백 산령山嶺에서
날아온 너는
조용하고
펄럭이지 않으리
천의 바람이
그만
너를 잃었다

ⓒ이익섭

유월 철쭉

■

아이고
저 대담한
화심花心
내 소심小心이
풍덩거린다

ⓒ이익섭

■ ■

세상
잊을 수 있다
이거지
해발 천의
고산에서
만난
유월
그리고
철쭉

ⓒ이익섭

자란초 紫蘭草

첫마디부터 욕지거리로 시작하는 여자 친구가 있었다
그러나 저 꽃처럼 거친 듯 곰살가웠다
내 이 소학교 여자친구도 요즘은 겨울들판처럼
조금은 황량해지고

저 꽃 성긋이 져가는
자란초
잎줄기의 패인 골에서
거친 바람 소리도
떠올리니
지금은
국사봉의
느긋한 오후

ⓒ이상옥

금강애기나리

한 송이 꽃들이 너무 과하게 다가오는 유월입니다 "그들은 모든 꽃을 꺾어버릴 수는 있지만 결코 봄을 지배할 수는 없다"의 파블로 네루다의 시적 어록을 선두로 홀로코스트, 아우스비츠 그리고 '줄무늬 파자마를 입은 소년'이라는 영화에까지 그 소년의 가슴에 다윗의 별이 늘 꽂혀 있었다고까지 내 이런 급작스런 상상이 너무 호사스럽지 않습니까 어저께까지는 내 젊은 날을 유혹하던 그녀 가슴께의 한 송이 꽃의 브로치만으로 현란케 하더니 오늘은 저기 무언가 있습니다
깃발의 조기를 드리우고
아, 홀로 우는
트럼펫의 흐느낌도
꽃이어
금강애기나리꽃이어
당신에게 오늘은 무어가 있습니다
한 송이 꽃들이 너무 과하게 다가오는 아침입니다
조상弔喪의 가슴으로 이네요

ⓒ이익섭

은방울꽃

나는
저 꽃의
방울소리를
들어 본 적이 없다
비가 울릴지 몰라도
빗방울의 명중률이
칠팔 십은 되어야겠지
비와 꽃의 두 방울이 만나면
소녀의 애띰과
엄마의 떨림이
은방울꽃을 흔들겠다
누이에게 그 울림을 들었는지
묻고 싶어도
지금은
절간의 놋쇠종 소리만
들린다

ⓒ이익섭

두루미꽃

1
별들이
돛대를 달고
핀 꽃이어
파도의 잎들이
너울거리면
어쩔래
두멍 독의
한여름 대낮
나뭇잎 너울이면
너는 어쩔래
그리
새침 뗄 수 있을까
저 작은
두루미꽃이어

ⓒ이익섭

ⓒ이익섭

2
나도
지을 수 있다
너울 성의
파도 잎을
꼼짝 못하게
저
두루미꽃
한 송이
그늘

우단담배풀

1
왓야이 길목의 꽃길에서 바라본 태국의 사찰寺刹
아니 하얀 탑신塔身 그 맨 위의 황금의 첨탑
우단담배풀
긴 회백색 꽃대 위에서
노란 꽃을 달고 있어라
구룡령 구상나무 방울 열매의 주름접힌 모습에서
태국의 사찰이 떠오르듯
우단담배풀
가지 끝 수상꽃차례 저 둥근 열매 속의
작은 씨앗들
오 내 지나친 생각
한라산 구상나무 고사목들에선
순교의 비목碑木
남도행 야산에서 만난
우단담배풀에서 하염없어라

ⓒ이상옥

2
인도에서던가
네팔에서였던가
보드가야대탑
사르나드 초전법륜지의
녹야원에서 바라본
대탑大塔의 권위
나는
한국의 야산
우단담배풀의
저 모습에서
합장合掌하네

ⓒ이상옥

ⓒ이익섭

조릿대꽃

1
까만 꽃집들의 가마귀 떼
군무群舞
아니
늦여름 날의
잠자리 떼
부유浮遊
산죽 꽃이
하늘에서
흔들린다

2
꽃이
피다
작은 혼들이
매달리다
호젓한
넋들
조롱조롱의 교행交行
그리고
정적靜寂
하늘에
지다

ⓒ이익섭

ⓒ이상옥

큰방울새란蘭

1
창날 같다는 서양시인의 시를 보기 전 입 벌린 악어의 기세라고 친구의 얘기를 듣기 전 나는 긴긴 서양녀西洋女의 몸짓을 떠올렸다
그렇네 꽃잎은 창날이고 꽃술은 악어의 혓바닥이고 그만
멀쑥히멀쑥히
늘씬한 그녀 앞에서
내 숫기는 더없이
사라지고
꽃이어
부르짖었다

2
마주보면
창날을 빈손으로
막고 있는 섬섬의
고운 모습
그러나
염염焰焰의 저 불꽃
내 한 줌
애련은
어디가고
큰방울새란
꽃이어
노호怒號하네

ⓒ이상옥

ⓒ이상옥

3
큰방울새이고
창날이고
악어의 으르렁거림이고
어느새
야생의 난으로
돌아왔네
안남미安南米의
긴 밥톨처럼
이팝나무의
꽃잎처럼
수수히 수수히
내 앞에
돌아와 있네

제 3 부

운문사雲門寺

운문雲門을
지나면
천상天上의 길인가
뜬 구름
세상 살아왔는데
이 아침
안개가 사립을
밀고 온다

ⓒ이상옥

ⓒ이상옥

석남사 石南寺

석남사 가는 길을 아시나요
언양에서 원동을 찾는
가지산의 남쪽 계곡을 지나 '길을
찾는
사람들' 그 찻집을 아시나요
솟대가
날고 있었는데
먼 내 사랑
아득히
날고 있었는데

ⓒ이익섭

꽃의 쉼

파도가 없고 파도가 없으니
펄럭거릴 소나무가 없습니다
꽃만 쫓던 내 바람이
하조대 바닷가에
와서 쉬고 있습니다
꽃의 쉼
운수죽동雲隨竹動 말고
이런 화제畵題도
생각습니다
세상의 휴지休止

금마타리

노란꽃도 지고
줄기며 꽃 턱 잎들의
지금은 자황색紫黃色
해거름 때
한 잔의 가배咖啡를 들며
금마타리
금마타리
이국異國의 저녁놀에서
노래를 잇는다

ⓒ이익섭

ⓒ이익섭

박새(꽃)

깊은 산 속 외진 데보다 저 환한 데서 고독도 익명이었
다 그래서 나에게 와선 진하다 훤한 데서 그냥 그렇게 여
기저기 무리져 예사로이 피고 있는데도
누른 빛 도는 녹색꽃
촘촘한 박새꽃이어
네가 나에게
진하다

요강나물

느루
느루
꽃지네
주황이
갈빛으로
뒤뜰
툇마루에서
보는
요강나물의
저 퇴적堆積

ⓒ이익섭

홍련

요사채
백운에서
만난
홍련
붉은 채
꼿꼿하다
행주좌와行住座臥의
저 위의威儀

ⓒ이익섭

냉초

솟대다
두루미다
저 하늘에
나서라
냉가슴 앓다가
일어선
냉초
꽃

말나리

1
나는 칠순七旬이고 이제는 젊음으로 돌아갈 수 없는 모양이지 그러나 저 비단 이불의 무늬 연록軟綠과 담백의 바탕에 수놓은 듯한 주황의 여섯 꽃잎 그리고 필 듯한 두 망울
저기 저리 작은
잠자리가 있는가
그러지 말게나
나는 어느새 돌아와 있네
말나리에게
숲속의
말나리에게

ⓒ이익섭

ⓒ이익섭

2
혼야의
혼란
닭이
꼬끼오
목안木雁이
푸드덕
촛불을 꺼야하리
오
말나리
신부여

ⓒ이익섭

동자꽃

용평에 휴가갔던 친구 내외가 그 산 속에서 우연찮게 세
종솔로이스츠의 연주를 들었다면서 그 현장감이라니 자
랑하면서 나에게는 선자령 가는 길에서 만났다는 동자
꽃 모음들을 불쑥 내민다 아 그 현장감이라니 이 또한 이
리 말하고 싶겠지
나에게 등색橙色의 주황으로
지즐대 오는
내 귓속 소라고동에서
연주하는 저 애기들 애기들
동자꽃 동네의 솔로이스츠
저 현장감이어

잔대

■
간밤
요정妖精의
속삭임
숲들의
머엉함
잔대 꽃
아침의
혼곤昏困

ⓒ이익섭

■■
마흔
권태
저 텅 빔
잔대 한 송이
무념無念의
오후

ⓒ이익섭

술패랭이

바람 속에서
실실이
물결치던
네 사실사실의
머릿단
갈잎의
바람개비야
비단 올처럼 풀린
술패랭이야
심해어深海魚의
지느러미마저
얼른거린다
교외선
선로 가에서
희살짓던
내 선병질腺病質의
잔물결들아

ⓒ이익섭

큰제비고깔
동계東溪에게

온 세상 사람들이
머금어 오니까
슬픔도 또한
도도滔滔하네
그것은 예고 없이
도래하고
숲에서는
이 또한
보랏빛의 잔치이네
고개 쳐들자
이 세상의
슬픔이어 외로움이어
큰제비고깔을
축제처럼
머리에 쓰자
폐잔의 기병들이어

제비동자꽃

1
곱슬곱슬의 저 애잔함을 아십니까
삼단 한 실 한 실을 부비고 비빈
아낙의 무르팍에 베고 밴
지나간 올올의 사연을
아십니까
풀어헤친 얼키설키
저 긴긴
바람에
아픔인
것을

ⓒ이익섭

2
호선弧線의 잎들
연두빛 고개로
사라지고
저 주홍의
꽃잎들은
사랑을 향한
광폭狂暴
오
광폭이라니
한 떨기 제비동자 꽃잎들의
참을 수 없는
분류奔流
그 범람

ⓒ김명렬

3
끝물의 제비동자꽃을 이삭 줍듯 선자령에서 보고 왔네
그 노랑부리의 새끼들이 에미 입에 맞춤하느라
요란하던 처마에서 떠나버린 빈 둥지에서
강남 갔던 춘삼월이
돌아오기를
이삭 줍고
먼 동해의 물소리를
만종晩鐘처럼
듣고 왔네

멸가치

멸가치 그 이름처럼 네 화장花匠을 이해하는 데 어렵다
한 화경花梗에서 터져나온 다닥다닥의 네 집성集姓을
보면서 수국水菊의 아름다움도 갖다 대면서
꼬맹이들이 그린 장난도 떠올리면서
나는 오늘 하루
멸가치 원주민촌에서
내내
더듬거린다

ⓒ이익섭

자주꽃방망이

1
바리캉으로 머리를 밀고 가죽띠에 몇 번 문지른 면도날
로 얼굴의 잔털을 밀고 그리고는 거울 자락의 컵에서 뽑
아 그것은 내 귓속에서 비비배배 맴돌렸지
이순耳順의 나이를 훨씬 지낸
내 귓속에 자주꽃방망이를
곱게 고웁게 돌리면
거울 위 이발관 그림의
물레방아 소리가
지금도
들려올 터

ⓒ이익섭

ⓒ이익섭

2
사람의 손의 조화造化가 조화造花를 더욱 현혹케
한다면서
그렇다고 꽃잎을 손끝으로 비벼 볼 수 있으랴
저 자주꽃방망이에 코를 갖다 대지
바람에 길들여진
그 조화調和를
어찌 말할 수
꽃내음이어
바람내음이어

잔대

1
널 실에 묶어 주황의 꽈리처럼
흙벽에 매달 수 있을까
도라지 밭에 내몰 수 있을까
두실와옥斗室蝸屋과
삽짝 밖 텃밭
나의 만상萬象에
오늘 아침
잔대가
침입하면서
꽃을 피웠다

ⓒ이익섭

ⓒ이익섭

2
잠자리 대신
바람이 흔들었더니
꽃들은 사라지고
라다크에서 본
천의 천처럼
오래된 미래만
꽃대에서
펄럭인다

금강초롱

태풍이 온 세상을 휩쓸고 간 뒤
금강초롱이 정적靜寂에 불을 댕긴다
세상 비어 청사靑紗 빛에 스며들고
마음은 자꾸만 심지를 돋운다
너도 나도
휘저을 수 없는
이 고요

ⓒ이익섭

ⓒ이익섭

뚝갈

내가 애들아 했더니 모두 똑같이 깔깔 웃는다 한 놈은 자다가 깨어 웃질 않는다 내가 다시 애들아 불렀을 때 그 애는 또 잠들었고 나머지 모두는 와와 환호성이다 그만 우리는 애기의 구비를 놓쳤다
연두야 하양아
뚝갈의 꽃들이어
그래
우리는
와와
온
세상
잊었다

ⓒ이상옥

흰진교

1
고속도로에서 섬진강을 찾기 위해 하동河東을 향하면 진
교에 이른다 그 길이 흰진교의 저 꽃대 같다 흔들리는 다
리 같은가 새벽길의 긴 다리인가 저 완만한 호선弧線의
외줄기에 띄엄띄엄의 현등懸燈은 누가 밝혔는가
무리무리의 꽃들이
서로 물으며
갸웃거린다
애들아
이 세상
누가 밝혔지

2
그 길의 끝에 와서 나는 길을 잃는다 하동읍내 길로 접
어들어야 하는가 그냥 섬진강 둑길로 들어서야 하는가
나는 언제나 여기서 망설인다 저 꽃들의 유혹 때문이다
아무 것도
가르쳐 주지 않는
꽃이어
오 그래서
꽃이어
저 하얀
유혹이어

큰꿩의비름

"어제 오후 오랜만에 뒷산 태을봉에 올랐더니 두어 달 동안 눈독을 들여오던 큰꿩의비름이 만개해 있었습니다. 오래된 재래송 몇 그루와 산벚나무를 뿌리 채 뽑은 태풍 곤파스의 위력에도 그 여린 것들이 건재하고 있어서 반가웠습니다." (우계)

태풍이 한 번 세차게 지나가면 태풍적 시각에
사로잡힌다니까 큰꿩의비름도 거기 잡혀 있제
바람의 방향도 뜻밖이다
휩쓰는 것이 아니라
휩쏜다고
저 천인의 바늘 수繡처럼
하늘로 하늘로 뽑혀 간
꽃술을 보아라
바람에 들켜
하늘에 오르는
저 신선의
오르가슴-을

ⓒ이상옥

당분취

산야에서
만난
저 당분취의
기기괴괴를
그릴 수 없어라
불타다가 멈춘
열정의
저 회신灰燼
뿌려라
뿌려라
우리의
그럴 듯한
운운云云을
위하여

ⓒ이상옥

금강초롱

1
꽃 같은
죽음
죽음 같은
꽃
세상에
이런 등식이
있는가
상여는
보이질 않고
금강초롱의
장의행렬
그 등렬(燈列)에
꽃이 진다
슬픔이
진다

ⓒ이익섭

ⓒ이익섭

2
내가 졌다고
꽃이어
그리
오송송하지 말라
금강초롱의 저 낯설음
이제
눈익은 건 아무것도 없다
오 다시 시작해야 하는가
세상의
저 낯설음

산박하

"세상 어디를 가도 아름답게 미소짓는 얼굴보다 더 감동적인 사랑스러운 것이 있을까요. 아마도 이런 미소들을 만나고 마음들과의 스침이 있어서 제가 Himal을 헤매고 다니는지도 모르겠습니다. 한 걸음 한 걸음 트레킹을 하면서, 설산을 눈에 담으며, 저도 이들처럼 저렇게 편안하게 웃고 있습니다." (이현숙)

Manaslu가 보이는 마을에서 띄운 엽서입니다 엽서의 뒷면에는 네팔의 한 농부의 미소짓는 편안함이 있습니다 바른 팔 주먹은 그 얼굴에 기댄 듯 가볍습니다 그는 병원에도 들락거리지 않고 전혀 소심한 기운이 없습니다 햇살이 있고 그야말로 편안함이 있습니다
산박하를 보면서
그 이파리를 보면서
네팔 농부의 얼굴 굴곡의 주름살이
떠올라서입니다
어째 저 실함이
자연스러운지요
세상 박하 냄새입니다
그 확실함이라니

ⓒ이익섭

햇살이 있습니다
편안함이 있습니다

물봉선

봉선화를 보면 울밑에서부터 떠올립니다 물봉선은 나에
게 언제나 비행기 그것도 Z엔징의 전투기부터 생각게
합니다
오늘은
물봉선이
커다란 이파리 집에
들어가 있습니다

내가 자랐던 시골 벌판에 군사 비행장이 들어섰습니다
칠점산七点山이라는 민둥의 점들을 그대로 둔 채 그 근처
에 프로펠라 전투기가 숨는 격납고格納庫라는 게 여남은
개가 있었습니다 해방이 되자 비행기도 사라졌습니다 그
곳은 만주서 내려온 난민들의 고향 찾아온 간난의 살림
터가 되었습니다 호선弧線의 콘크리트 지붕뿐입니다
그래
저 물봉선의 이파리들에
앉은 이슬처럼
거기 서리가 내렸을 것입니다
대합조개의 껍질 같은

ⓒ이익섭

그 속에서도 불원 수천리 만주에서부터 끌고 온 새끼들
의 온기가 있었으니까요 그 지붕엔 하얗니 서리가 빛났
을 것입니다

노란 물봉선이
녹색의 커다란 이파리 집에
오늘은
Z엔징이 꺼진 채
잠자코 있습니다

둥근이질풀

"무슨 꽃이든 하늘을 배경으로 찍고 싶다. 둥근이질풀, 투구꽃, 까실쑥부쟁이, 꿩의비름, 백당나무 열매… 하늘과 구름, 그래 오늘도 하늘 버젼이다. 물봉선화, 삽주, 진교까지 하늘 버젼으로 찍기는 처음이다…" (모산)

하늘 버젼이라니
비전 하늘은
어떻고
이질풀이라니
둥근이질풀이라니
내과의內科醫의 진료카드
빈자리의 낙서
그래
돌아설까
이질풀의
시적詩的 버젼으로

쥐손이

쥐손이 꽃술들은 할 말이 많다 해를 찾아갔더니 구름을
찾아갔더니 바람을 찾아갔더니 성벽城壁을 찾아갔더니
오 거기 서랑鼠郎 품으로 돌아왔네

저 오물거리는
꽃술들을 보아라
황당한 꿈에서
되찾은 꽃잎들의
저 평정平靜의 빛이야

ⓒ이익섭

화악산 금강초롱꽃

저 빛
청람靑藍
내 마음
물들이는
감색紺色
초롱 청사靑紗
푸른 빛 띤
남색藍色
내가 더듬거리네
금강초롱
꽃빛
저녀의 야청野靑
마음 흔들릴라
그래
아 아청鴉靑인가

ⓒ이상옥

ⓒ이익섭

가을

여름이 안 가더니
공세리에서
돌아오는 길
저녁나절 들판을
바라며
허전하겠지 – 란다
가을은
이렇게 오네
떠나던 수레가
동넷 길에서 머뭇거린다
길섶의 잡초에
왜 저러지
그 수레 멀어지면서
공세리 들판에도
오
가을 온다

ⓒ이익섭

고마리와 쥐손이

고마리와 쥐손이 두 꽃이 논두렁에서 나에게 왔을 때 그건 논두렁이었고 이슬 밭이었고 물 떠난 선어鮮魚의 퍼덕거림이었고 그러나 곧 잔잔해지면서 시선이 고정된 채 눈망울이 불쑥 나오기 시작했다 그건 고마리의 투명의 꽃잎이었고 거기 희고 연붉은 색채의 갑작스런 이방異邦이었고 내가 차를 마신 뒤 다시 그 이방을 찾았을 때 그들은 벌써 난감해지고 있었다 진한 커피 향이 논두렁과 이슬에 묻어오면서 쥐손이 입의 재잘거림이 멎기 시작했고 고마리의 시선은 수정 눈알로 움칫 않았다

그들은
논두렁에서
나에게 왔을 때
아 포로처럼 왔고
이들 원색에
한 마디 말도 건네기 전에
영 함구해버린 것이다
이방에 홀로 된 것은
두 꽃이 아니라
그들 박제 옆의
나였다

ⓒ이익섭

숫잔대

1
오
실기失機라고
태풍과
폭우에도
살아왔는데
습지가 날
목마르게 할 뿐
오
고백해 보아라
질퍽거리며
다만
나와의
고백컨대
차라리
실연失戀이라고

ⓒ이상옥

2
세월이
흔들고 간
나의 깃발
이제
내가
비를 날리고
바람을 흔들고
산색을
보라
보라
물들이고
일모日暮로
접는
숫잔대 나의 꿈
깃발이어

ⓒ이상옥

ⓒ이상옥

누린내풀꽃

지하의 전동차에서 강을 건너며 물 위에 떠올랐을 때 그
물의 흐름에 헷갈리는 것처럼 누린내풀꽃에서 더듬거린
다 꽃술이 토인종의 목관악기처럼 길게 하늘에 뻗친 것
부터 저 관管에서 누린내가 난다 말인가 저 더 넓게 파란
파란 꽃잎의 숲에서 그리움의 내음이 나야 할 것 아닌가
파랑에 누린내
눈에다가 코에다가
지상의 세계에 불쑥 나와
이 세상 조리條理에
나는
한참 흔들린다

큰엉겅퀴

촌부村夫가
조발調髮하고
나서는
이발관에서
저도 모르게
질러보는
헛기침
글쎄 말이다
네발나비가
내 홍안을
부채되어
가리고는
그렇네
그렇네
어느덧 다가온
가을 냄새여

ⓒ이상옥

ⓒ이익섭

흰고려엉겅퀴

그의 꽃은 드라마틱하다 이야기를 따라가는 데 나는 언제나 숨차다 묻노니 이 흰고려엉겅퀴 다시 말하건대 그야말로 얼마나 드라마틱하냐
저 여자의 산발을
위하여
바람개비를 돌렸을 테고
비눈물 때문에
분수도 솟았을 테고
울부짖어라
꽃이어
때로
너도 나도
울부짖어라

닭의장풀

중국과 한국과 일본에서 색채들은 어떻게 흘러들고 건
너갔을까 빛깔의 문화사를 들추고 싶다 횃불 같다는 맨
드라미의 선홍에 휘둘리다가 지금은 이쪽 기슭에서 치
마의 남藍 저고리의 노랑 노랑에 물들어가는 흰색의 속
치마
차라리
고즈넉
버선볼의
이파리에서
닭의장풀
네 한류韓流를
다독거린다

ⓒ이익섭

ⓒ이익섭

나팔꽃

"허블 우주 망원경으로 관측한 외뿔소자리 V838(적색 초거성) 별의 최후의 모습 …" (이석영; 빅뱅 우주론 강의, p.32)

어째서 나팔꽃이 저렇지 '아침 얼굴' 이라면서
태양광이 꽃술의 은하 그 성운星雲을 불태우지
우주의 밤 내내
몇백 광년光年을
건너와서는
나팔꽃 화심花心
조용한 아침을
불태우지

제4부

쑥부쟁이

가끔 꽃에
머쓱해지든지
맨송할 때가 있다
저 화장의
얼굴로
바짝 다가올 때는
가을날 길 가의
허드재비
쑥부쟁이가
오늘은
저 화사華奢 앞에
내가
머쓱하고
멋쩍어
맨숭해진다

싸리꽃

해방의 해 그 즈음 혹은 그 뒤의 한동안 '간딴후꾸簡單服'
에서 원피스라는 이름으로 바뀌면서 여성들의 한 시대
를 휩쓴 옷치레가 있었지 그때 여성들의 마음 같았던
저
자잘한 꽃들
루즈를 몰래 바르다가
들킨 것 같은
어쩌면 지난밤의 꿈을
대담하게 드러낸 것 같은
연붉은 빛깔
흔하디흔한
바깥 울의 싸리나무
한 시대를 물들였던
아름다움이
피고 있네요

ⓒ이상옥

물매화

1
꽃도
정색을 하면
저런가
수술이
용수철처럼
튀어나오고
암술의
갑작스레
두툼해지는 입술
꽃잎은
하얗게 모른 체한다
그녀
끝내
날 버렸다

ⓒ이익섭

ⓒ이익섭

2
압록강이 흐르고
두만강이 흐르고
한순간
울컥했네
나는
강안江岸의 절벽에서
대안對岸의
저 운무雲霧에다
나도 몰래
물매화야
손흔들었네

ⓒ이익섭

쑥부쟁이

1

운해가 있고 수해樹海가 있고 내 앞에는
여남은
그리고 댓송이의 쑥부쟁이꽃이 호젓하다
어찌 구름과 나무의 바다와
이 가을꽃 열댓 송이가
또한 외따로라니
그래
그래
생각해 보마
세상의 이 낯선
대칭對稱 앞에서

2
군중적으로
언제나 방향을 바꾸는
올챙이 떼처럼
아 누구가
소리질렀는가
오호
오호
꽃들의 저 홍소哄笑
나는
저들 야유 앞에서
쓸쓸하기에는
중과부적衆寡不敵이다
슬퍼하라
제발 슬퍼하라
내 가을아

ⓒ이익섭

개쓴풀

"이번에는 동네 뒷산에 한창 피어 있는 개쓴풀로 메깁니다. 개쓴풀은 용담과科 쓴풀속屬의 일원인데 전국적으로 비교적 희귀한 것으로 알려져 있습니다. 꽃은 크기가 지름 1cm 정도밖에 되지 않고요." (우계)

1
면사무소에는 내 호적의 원본이 있었지 본적이 어디며
본관이 어디고 용담과 쓴풀속의 일원 지름 1센치미터의
내 꼬맹이 시절
우리 또래는 흔코흔했는데
희귀한 꽃
개쓴풀
저 단단한 표정에
호적등본을 옮기는
면서기의 펜촉 글씨가
꼬박꼬박해졌지

ⓒ이상옥

ⓒ이상옥

2
그렇게 또박또박하더니 오늘은 일제히 아우성이다. 제비 새끼처럼 아우성이 솟구친다. 이국종인가 보라색의 입술이 한껏 필 때는 하얗다.
저 뒤꼍의
어두운 보라의 빛
그 혼혈에
아 나마저
아우성이다

ⓒ이익섭

퉁퉁마디

1
이대원李大源 화백의 그림 '농원 풍경' 옆에 퉁퉁마디의
색채의 향연도 내걸린다 원색들의 점과 선이 꽃비 내리
듯 춤추는 그 판화 내가 찾아가는 동네의원의 벽에 걸려
있다
내 아픔은
퉁퉁마디의
저 무수한 부들들에 맞는
건반의 소용돌이 속
나도 그 옆에
원색의 향연으로
걸린다

2
오늘 인사동의 한 갤러리에서 본 송광익의 지물紙物
작품 한 겹 한 겹 층층이 쌓아올린 무수한 반복에서
불어오던 종이 냄새
나는 퉁퉁마디마다 물감을 층층이 내려야겠다
가장 쉬운 영 어려운
쌓일 듯 쌓이지 않는
저 아름다움
그래
퉁퉁마디의
수채화
냄새

ⓒ이익섭

ⓒ이익섭

자주쓴풀

1
꽃잎의 자줏빛 줄무늬 때문인가 저 암술의
화끈함도
수술의 사실사실의 약음弱音도
나를 마취된 환자처럼 몬다
꽃잎의 장단도
잎겨드랑에서
깊은 내심인 양
나를 휘몬다
쓴 뿌리의 용담과科
자주쓴풀아
왜 이러지

2
법당에서였던가 무당에서 초상집의
대청에서였던가 올올의 무늬로
채색되어 가던 종이꽃
신성神性의 빛으로
피어오던
자주쓴풀의
입다문 저 내색
유명幽明의
빛

ⓒ이익섭

층꽃풀

왜 꽃들이 층꽃풀마저 장대의 전신을
비슷이
한쪽으로 기울지 소리 때문인가 냄샌가 빛
바람 마음도 있을 터
숲에서 돌아와
층꽃풀 같은 기웃한
도심의 빌딩에서
나마저
모으로
모으로
바람 때문인가
소린가
빛
꽃이어

ⓒ이익섭

ⓒ이익섭

산국 山菊

존재의 이유 이런 노래가 있었던 모양이지요 내가 사는 동네의 자그마한 식당의 가게 이름도 존재의 이유입니다 여기서 된장찌개를 먹을 때 나도 일상의 이유를 떠올립니다 울긋불긋의 강원도 계곡에 산국의 긴 꽃대가 가을 빛 현란에 외로이 고개를 쑥 내밀었습니다
저 이유
산국의 존재를
생각습니다
꽃이나
나나
이 가을
뜬금없습니다

용담

■

내가 그에게 다가갔을 때
엄전했다 대부도 해안에서였다
갯벌에 밀려오는 해조음에도
성인의 법을 좇고 있었다
가을 햇살도
그에게
엄전했다

ⓒ이상옥

■■

백의서생白衣書生 꿈은 청운입니다
용담의 저 빛
우리 읍내 호프집의 천정에도
청운이 흐른답니다
꿈의
맑음을 위하여
용담이 선비인 양
피었습니다

ⓒ이상옥

∎∎∎

용담 꽃잎도 이제 가을 햇살이 무겁습니다 서녘 노을에 꽃대가 기웁니다 쇠잔한 풀숲처럼 바닷바람 소리에 조금은 흔들릴 시간 청명의 등화도 스러집니다
별들이
꽃의 빛을
앗아가고 있습니다

ⓒ이상옥

ⓒ이익섭

댕댕이덩굴

1
댕댕이덩굴이 댓 숨을 삼키며 허공을 건너 쇠풀의 어깨에 걸쳤다
그리고는 현수교懸垂橋의 중앙 교각에서 마냥 거기서 또 저쪽 기슭의 풀잎에 제 숨을 넘는다 돌아보니 포도 알 같은 열매를 물에 비친 난간처럼 띄엄띄엄 여정旅程에 무게를 매달았다
저 쓰잘 데 없는
일은
자연의 공정工程은
아름답다

ⓒ이익섭

2
계획도시의 마스터플랜을 본다 꽃대의 줄기와 가지들은 중심 주요가로이다 포도 알처럼 촘촘한 열매들의 아우성은 아무래도 도심의 단락團落이다 연두빛 풀잎의 긴 횡단은 운하의 숨결 그것이 도심의 바닥을 빠져 나오자 출렁이는 해변도 디자인 되어 있다
도심에서 휘어져 나가는 지선의 가로를 따라가면
저건 유채밭이다
노랗게 익어가는 보리밭
물결인가
교통신호는 없애버렸다

정선바위솔

"…거기가 너덜지대여서 꽤 조심을 했는데도 어느 순간 돌더미가 와르르 무너지는 바람에 함께 미끌어지며 다리에 멍도 좀 들고 긁혀서 피도 맺히고 그랬답니다. 당분간 좀 자숙하고 있어야 할 것 같습니다." (모산)

몽골에서였던가요 소년이 산양의 젖을 훑고 있었어요
가끔 그 소년의 눈길이 평원을 달리기도 했어요
강원도에서 정선바위솔을 만납니다 그 소년을
떠올리며 이 꽃을 훑어볼까요 바위틈에서
하늘로입니다 한 꽃대가 매단 다닥다닥의 자잘한 흰
꽃들이
별처럼 쏟아질 것이라고
노옹의 눈길이
골짝을 달릴
차례입니다

ⓒ이익섭

놋젓가락

저 꽃은 머리맡 병풍의 한 폭으로 나를 데리고 간다 그리고는 내 눈을 아슴푸레하게 한다 그렇지 바닷가 고아원 뜰에서 자랐던 소녀여 그애에게서는 언제나 분말 우유 냄새가 났다

이제는
서양 빛
저 섬세의
놋젓가락 꽃
바다 빛
아스라한
여원 꽃이어

ⓒ이익섭

ⓒ이익섭

꼬리겨우살이

1
그 웨일즈 출신의 베이스 바리톤 브린 터펠의 대니보이
절창을 들을 때마다 나도 죽을 수 있다고 꼬리겨우살이
꽃들 뒤의 저 파란 하늘에 나도 뛰어내릴 수 있다고
몰라 그건 아무도 모르겠다
어느 겨를
겨우살이 꽃의
꼬리를
내가 붙잡고
늘어졌는지는

2
런던아이eye를 안 타보아서 모르겠다 템즈강에도 꽃이
흐르는지
양수리兩水里 지나는 기차는 타보아라 저 아래 철길
아래 북한강에 흐르는 겨우살이를 보았다고
거짓말해도
저 고목의 가지 사이의
노란 꽃들을
하늘에서
보고 난 뒤에는
어디
네가
거짓말을 들었을라구

ⓒ이익섭

ⓒ이익섭

노박덩굴

익을 대로
익으면
무게가 없어진다
그래서
내 입술에
떨어지지 않는다
오
가을
그대 입술이어

억새

해가
넘어갈 때의
억새는
어땠을까
해가
넘어가고
난 뒤에는
내가
나에게
묻고 있다

ⓒ이익섭

ⓒ이상옥

변산바람꽃

뭉크의 절규 멜빌의 모비딕 그 백경白鯨의 아우성 에이
허브 선장의 광기 피커트호의 무서운 항해 한국의 서울
근교의 뒷산에서 이른 봄의 첫 화신花信 변산바람꽃을 아
그 억지의 기세 절규로 아우성으로 광기로 이 아침 나에
게 다가온다
차라리 잠수하면서 찾는
봄의 기세
저 불쑥 내민 잠망경潛望鏡의
하얀 꽃이어

해국 海菊

저런 머슴애가
아니 해국 같은
아낙이 있어라
어디엔가 있어라
해저에선 실하디실한
해녀도
바위에 기대어 저 봉오리를
보노라면 부끄러워라
오 누구에게도 있는
그러나 나에겐 잊힌 듯
다른 세상이어

ⓒ이상옥

설중화

지진으로 해일로 동해의 폭이 1m 넓어졌다가 되돌아오고 있다네 그 지축의 흔들림을 어떻게 잴담 설중雪中의 저들 복수초의 거리를 잰다 한 쪽은 속내를 열 듯 말 듯 그러다가 한 쪽은
반개半開네 온개네 한 뼘도 안 되는 저 거리를
태양이 지나가는
광년光年의 거리를
어떻게 잴담
초秒의 경經 · 위緯
절정의
오 저 세목細目

ⓒ이상옥

ⓒ이상옥

만주바람꽃

공단貢緞 같은, 장농의 저 아래 밑바닥에서 들어올리던
고명딸의 시집가던 아님 영감의 마고자 감으로 떠올리
던 그 공단의 호박색
옷감 무늬에서 피던 꽃이어
어찌 오늘은 바람이냐
만주바람이냐
할멈의 거친 손바닥에
보풀어질라
꽃이어

ⓒ이익섭

철쭉

그애가 시집을 가고 친정 길에
산촌 외딴 내 집에 들렀다
분 냄새
오 철쭉
한 철을 넘는
순이
그녀 냄새

흰민들레

황야의
달은 어떤가
그 월정月精으로
피는 꽃은 어떤가
저쯤
여우가 운다
흰민들레
머뭇
없어라
이 밤
무엄의 꽃이어

ⓒ이익섭

각시붓꽃

친구 찾아 용인의 실버타운에서 놀다가 돌아오는 길 강남의 역삼에서 전철을 탔더니 오 가시나들 저 블루의 신선新鮮 풀밭에서 헤매었네
눈을 비비고
마음을 비비고
각시붓꽃
오
저 블루
비집고 오네

ⓒ이상옥

제 5 부

ⓒ이익섭

꽃다지 그리고 홀아비바람꽃

꽃다지와 애기나리아재비 꿩의바람꽃과 홀아비바람꽃 그러나 나에겐 꽃다지 그리고 홀아비바람꽃 저 사금砂金과 같이 숱하게 흘러간 세월의 모래밭 속에서 아직도 빛나고 있어라 우리들의 꽃다지 시절 이제는 사랑하는 님도 떠나고 친구들도 멀어졌으니
홀아비바람꽃의
저 말쑥함
저 밋밋함
피어라
하얗게
애틋한 날의
백기白旗여
바람이어

금난초 그리고 은대난초

수선화까지는 떠올렸는데 이른 봄 노랑 입을 활짝 열지
않는 프리지어 그 이름이 생각나지 않아 오늘 아침 노란
금난초 꽃 앞에서 나도 입을 활짝 열지 못하니
하얀 저 꽃은 어떻고
사랑에
새끼 꼬듯 비벼 오르네
벙글어라 벙글어라
입 다문
은대난초여

ⓒ이상옥

오월에

이 5월에
어쩌지
물들어라
물들어라
산에
묻히면
이 5월에

ⓒ이익섭

ⓒ이상옥

해당화

영성靈性만으로
펄럭이던
그 꽃
저승길 상여의
종이꽃
학암포 바닷가에
와서
피고 있네
고운 넋
사르면서
피고 있네

골무꽃

규중칠우쟁론기閨中七友爭論記 오늘은 그 각론 골무 편입니다 손톱만큼 작아야지요 베나 무명천을 겹겹으로 풀로 발라 단단해지면 색깔의 비단을 올리고 거기 수를 놓아요 외함마는 그 작은 영토를
색동으로 색동으로 접어 붙이고
이고
골무야
너 뭐 할래
그리 앙증맞게
예뻐서 무엇할래
우리
어찌 쟁론해야 하나
저 골무꽃
앞에서

ⓒ이상옥

ⓒ이익섭

매발톱

유월의 매발톱은 여자대학 기숙사에 가서 변신한다
저리 아름다울 수 발톱도 빨랫줄도 가뭇없고 붓을
마구 뿌린 사생寫生의 사생寫生이 절묘하다
유월 매발톱의
판화
그 오브제의 하이칼라
매를 날리자
나를 날리자

ⓒ이익섭

갯완두

콩 심은 데 콩 난다는데 완두豌豆는 밭두렁이 아니고 어디였던가 조금은 이국적일 터 오늘은 갯완두란다 해안포海岸砲가 우리를 태우고 오는 파도에 쏟아질 줄 알았는데 아 동해 사장에서 보랏빛 나비가 피어오르던
그 꽃
잎자루 끝의 덩굴손이
내 손을 잡다
이국적이었던가
전장戰場의
그때

모도茅島의 띠

바람 부는 날 사람 살지 않는 띠집에서 비를 피해
보았느뇨
띠로 엮은 도롱이 입고 십리 빗길에 나서 보았느뇨
서걱이구나
모도의 띠
빗어 보아라
쓸어 보아라
서걱이구나

ⓒ이상옥

ⓒ이상옥

방울새란

1
의도하지 않고
만난 그녀
지금 의도하고 있네
조금 고개 숙인
저 갸웃의
의도
몰라라
그녀 곁에
가지 못하리
나의 의도여

ⓒ이상옥

2
저건
의도가 아니라
무의無意의 그림
꽃잎 끝의
저 연한 홍자색이
의도의 흔적을
남겨 놓고
백면白面의 무의를
지운다
나를 달래며

매화노루발

나는 지쳤을 때와 신선함이 잠들었을 때를
매화노루발을 보면서 분간 못한다
저 어린 것의 만삭을 볼 때에는
거미줄에 그녀의 현기가 걸려듦을
그러나
매화노루발의
매화노루발 시절
저 신선함
우리는
꽃으로 돌아온다

큰방울새란

큰방울새란이 지저귀는데
숲은 잠에서 깨어나지 않는다
저 쉼표
꽃이 멎어버린
다음 소절小節
오
세상의 허밍
숲은
깨어나지 않는다

ⓒ이상옥

ⓒ이익섭

연^蓮

빈 손
그냥
빌지
저 환한
빈 마음
꽃이 핀다
연이 핀다

흰여로

자주의 여로가 있고 흰 여로가 있고 여로 속屬이란다 꽃
의 멀리 사람살이가 보인다 저 도시는 분지盆地 속이다
긴 꽃대에 내내 오르면서 꽃은 야멸지다
흰 여로라
산 속
분지 속
다닥다닥의 여로
가을 길에
세월이 걸어 온다

ⓒ이상옥

마타리

1
풍력 발전기와 마타리 꽃은 한참 낯설다 황소의 잔등 같은 산언덕배기에 바람개비의 날개가 멈추자 그 아래 배불뚝에 떼지어 핀 노란 마타리가 급작히 일제히 바람에서 멈춘 듯
그루의 꽃들이 평행으로 가지런해지고는
다들 거기서 거기서
저마다
귀가 쫑긋해졌다
정말로 쫑긋해졌다
풍력발전기의 귀는
더욱 커다랗지
어찌 저 낯선 세상끼리

ⓒ이익섭

ⓒ이익섭

2
영마루의 마타리는 잎도 떨구고 훤칠하니 그 끝에
코들을 귀들을 자잘하니 꽃으로 달았다
사슴의 뿔에 구름이 걸려들 듯이
영마루의 마타리에겐
가을이 잡혀온다
짐짓이다 짐짓이네
사슴의 눈처럼
구을릴 것이 없다
저기
가을 오는데

ⓒ이상옥

층층이꽃

한 순배巡杯 맨 나종에 피는 것은 맨 먼저의 꽃을 보지 못하고 첫 꽃은 끝의 잔을 기다리지 못하지 층층에서 잎겨드랑에서 꽃아꽃아 한 순배 돈다 불콰하게 홍자색이 핑그르 한다
어느 잔에 기울랴
아래층에서
윗층에서
벌들이
닝닝거리고

ⓒ이익섭

저녁바다

바다도
추상抽象이
될 때가 있다
저녁이
오면서부터이다
반상半上은 북청으로
칠해 가고
취해 온 파도는
그 아래에서
반백半白이다
하얀 내 머리를
넘기면서
저 추상에
나는 구상具象해 간다

개곽향

익숙해지지 않는 아름다움 개곽향 저 짙음 저 억셈 꽃대의 잎에서 빛깔의 강한 어중간함 꽃잎 모양의 자재自在 꽃술은 완두의 부릅뜬 싹의 힘겨룸 우리에게 양洋것이 처음 왔을 때 가을날처럼 삼베 적삼의 섶이 도르르 말렸더랬다
개곽향
끝물의 네가
이국향異國鄕 마냥
내 세상
오 턱없이 너에게
묻어간다

ⓒ이상옥

ⓒ김명렬

철골소심鐵骨素心 문향聞香

문향聞香은 짙다 더욱 짙어온다 주머니에서 한 줌 가득히 입으로 퍼갔을 때 가난한 시절의 찐쌀 냄새 아니 그러기 전 피기 시작하는 벼의 꽃 도향稻香 철골소심이 8월 들판에서 맡아온다
동네의 뒷산에서 철골 고가전주가 사라진 뒤
내 코에
구름처럼 걸려든다

ⓒ이상옥

화악산 금강초롱꽃

크레파스 같고 루주 같고 텃밭의 시골 가지 빛 같고
글썽글썽한 눈물 훔친
카리브해 태양에
익고 익은
그녀의 입술
오늘은
내가 훔친
화악산
금강초롱꽃

구절초

구절초에게도 무슨 혁명의 기념 부조가
있었던가
가을이 어느 아침 느닷없이 저 구절초처럼
신호하지 않던 해가 있었던가
우리를 하루아침에
바꾸어놓는다
저 꽃
초병 앞에서
계절의 전초 앞에서
초토의
혁명 앞에서

ⓒ이상옥

ⓒ이익섭

곰배령 꽃들

1
선생님이 지우고 지우고 가셔도 녹색 흐린 칠판에
그 흔적이 남아 있습니다 우리들에게 대한 사랑이
낡은 칠판에서 오래 오래
그리움을 피울 것입니다
그 꽃처럼
곰배령
오라방풀들처럼

2
곰배령 어귀에 들어서자 저만치 피어 있었다
꽃들은 나에게 달려오지 않았다
노랑과 보라가 처음처럼
조우하고 있었다
우리 모두
처음이지
꽃이
저만치서
피고 있었다

ⓒ이익섭

ⓒ이익섭

3
들깨 꽃잎을 누가 뽑으면 꽃술들이
부끄럽습니다
금강초롱 저 흰 치마 시침을 떼면
기화氣化처럼 날아가버릴 것입니다
초롱에 불 밝히지 마세요
곰배령에서
만났을 뿐입니다
한마디도 건네지 못했는데
당신은
피고 있습니다

산꼬리풀

니가
니라면
줄기와 가지 끝
저 다닥의
연자주軟紫朱 꽃이
돌아가면서 피는
산꼬리풀이
니라면
수술과 암술이
사랑의 피침避針이라도
니가 니라면
바람이
훑지 못하지
오
열에 열
꽃이어

ⓒ이익섭

선자령 쑥부쟁이

1
누가 선자령에서 쑥부쟁이 한 무디를
보내왔습니다 위에서 본 영상입니다
저리 착할 수가
쑥부쟁이는 바로 가을로
나를 쓰러뜨렸는데
저리 착할 수가
선자령
아
선자라

ⓒ이익섭

ⓒ이익섭

2
저 연약한 꽃잎에 저 숱한 이슬방울들이라니 여위어 가는 여위어 가는 쑥부쟁이에게 유일한 균형입니다 너무 눈물 쏟지 말라 눈물은 하늘에서 온다
세상의 저 정밀한 저울
선자령 하늘에 쑥부쟁이
그래 이제
흔들어 보아라
내 눈물을

ⓒ이상옥

물매화

어느 섬 해 이울 녘에 본 물매화는 고즈넉했다
눈부시지 않았다 가난한 여인과 보고 싶었다
오
그녀의
대관戴冠
물매화여

놋젓가락나물 그리고 개버무리

중로中老의 친구가 동해며 미시령이며 운두령으로 가을 나들이를 갔다 왔다 그에게서 대관령의 바람 아니 옛날에 국수菊秀 마을만 지나면 그건 이국異國이고 고향이었던 그 나라의 냄새를 맡을 수 있겠다
꽃타래 긴 꽃타래
놋젓가락나물
개버무리
중로의 친구가 상로의 나에게 내미는
야생화에서
이국이요 고향이던 두메
가을 맡는다 그 가을 맡네

ⓒ이상옥

도깨비바늘

사람은 가까이 가면 사랑이 되고 내 것이 된다 꽃은 가까이 가도 저만치다 국화 꽃잎을 따서 콧구멍에 쑤셔넣어 보아도 재채기로 돌아서 버린다 참 국화과에 도깨비바늘이 있다 노란 꽃일 때에는 두상頭狀이 혀를 내밀지만 끝내에는 씨가 긴 바늘이 되는가 했더니 그 끝의 가시의 털이 내 바지가랑이에 어느새 달라붙는다
나는 떨고 있다
도깨비였다며
도깨비바늘이라며
차라리
가을하늘에 도깨비 불꽃이라며
섬광閃光이 가시털에 잡혀 터지지 않는다며
푸른 하늘 집에 꽂은
차라리
누나의 바늘집이어니

ⓒ이익섭

청미래덩굴 열매

"지난 26일에 대부도를 한 바퀴 돈 것으로 저는 올해 꽃 탐사를 마감했습니다. 그 섬에서는 용담이 대풍이라 실컷 보았습니다만, 기왕에 용담을 보내 드렸으니 이번에는 청미래덩굴 열매 사진이나 두 장 올리겠습니다. 그 열매를 흔히 망개라고 부르는데 호남쪽에서는 맹감이라고 부르기도 하는 모양입니다." (우계)

대부도 야산 자락에서 올해의 꽃탐사를 마감하면서
땡땡 종을 치나요 망갠가 맹감인가 빨갛게
대여섯씩 무리지어 익고 있습니다
섣을 감는 종소리
망개 맹감
꿈인 듯
가고
매양
가을 대낮
그렇지 않습니까

ⓒ이상옥

ⓒ이상옥

학암포 해변

누룩을 밟아 보았다든지 도가니 속의 된장을
손바닥으로 자잘거렸다든지 술익는 마을에
귀 기울어 보았다든지
조금으로 좁아지는
저 바닷물의 거품
한 마리 게가
어푸거리오

11월

"11월은 저에겐 늘 보너스 같아요. 가을이 다 갔다고, 한 해가 다 갔다고(?) 그러고 있는데 아직도 한 가닥 어디선가 밝게 빛나고 있으니까요 강릉 가는 길은 황량하기는 했습니다. 아, 역시 기다려 주지 않는구나. 늘 놓치고 나도 게으른 상수리나무는 단풍을 보여 주고, 그도 놓치고 나면 낙엽송은 마지막 향연을 펼쳐 보이곤 했는데 그마저도, 아 그런 기분이었습니다."(모산)

내 머리카락은 너무 가늘어서 세로細路의 갈래에서
빗질이 길을 잃는다
11월이 숲이라
게으른 상수리나무라
저 낙엽송의
마지막 향연에
바람의 빗질이
길을 잃는다
11월 잎들의
저 세로에서

ⓒ이익섭

ⓒ이익섭

산부추

부추가 꽃을 피우느냐고
장대 끝에
꽃을 매달아도
아우성
저토록 전방위全方位
목이 처진다
나는 알지
부추꽃 피우느냐고
나의 시詩
제비 새끼들아

세잎꿩의비름

내 젊은 날 셰이빙 부러시 코 막아 오네
아프리카 북쪽 튀니지에서 맨 손가락으로
입맛 다셨던 오리브유 향으로 다가오나
세잎꿩의비름
촘촘의 다발이어
수술을 펄럭이며
마음 다시며
그녀 그녀
숨 막힘

ⓒ이상옥

ⓒ이익섭

빛깔

고향이 동해안 쪽의 분이 2월 어느 날의 바다 빛에 반했다면서 그저 '빛깔'이라는 무명(無名)으로 자기 감탄이 머문다고 했다 환쟁이가 되었다면 그 빛깔을 제 그림에서 찾지 못해 미쳤을 거라고 탄했다 그러면서 그 바다의 사진으로 영상을 보내면서 그 때 그 빛의 실황(實況)이 여기 머문다고 생각지 말라는 것이다
그런데
실상은 머물고 있다
끊임없이 물결쳐 왔을 너울이
한순간 숨도 쉬지 않고 머물러 버렸다
이 절대순간을 놓칠라

당신의 이게쇠(페인팅 나이프)가 발밑 화면에서
올라가면서 멀어지다가 수평선에까지 밀고 갔다
갈매기 떼가 그새 일진一陣의 띠를 중간에 쳤다
이놈들도 아까 함께 숨이 멎자
당신의 광기狂氣에 방파가 되었다

어릴 때부터 수십 년 고향의 바다 빛에
익숙한 당신이 그 빛깔에 맞는 어휘를
언어의 대해에서 찾지 못한다
그 빛깔에
당신의 숨이 머물러 버렸다
바다의 너울도 멎고
갈매기의 일진도 거기 걸려들었고

그러나
바다에 가면
바다는 그 순간을 풀어버렸을 것이다
출렁대고
당신이 작명 못한 그 빛깔의 이름이
여전히 우리에게 무명으로
갈매기 떼들의 무심으로
출렁일 것이다
미칠 것도 안타까워할 것도 없다
무심만 아니 무심마저 거기 두고
당신은 집으로 돌아오면 된다
방죽의 이쪽으로 돌아오면 된다

ⓒ이익섭

대관령

있는 듯 없는 듯한
무늬로
잠재우더니
하늘에서 내려와
닿을 듯 말 듯
토닥거리더니
눈 덮인 대관령
저 홑청에
하늘 이불 겉이
내려 앉구나
눈감게
영 눈감게

변산바람꽃

마당가에서
막 탄생한
송아지의
비틀거림을 본다
물 먹은 듯
물 먹은 듯
양수에서
헤엄쳐 왔구나
봄길에서 만난다
변산바람꽃
바람 맞은 듯
봄길에서
바람 맞은 듯
비틀거리지
않는다

ⓒ이상옥

ⓒ이상옥

노루귀

어린 날의
내 약음翳音
어쩌면
그 현란이어
어디서 여울 물소리
들린다
은어의 지느러미
저 갸웃의
갸웃의
고개짓
천千의 천의
현음絃音
노루귀
긴 목을 탄다

산괭이눈

당신이 산괭이눈이라 내어 놓는다고 해도
꽃은 노랗게 웃고 있어라
여리지 않고 암팡지다 하면
나는 삵괭이 뒤에 숨으리라
5월에나 있을 당신과 나와의
사랑싸움이 춘설 난분분한
이 4월에
꽃 뒤에
괭이 뒤
아니에
어디에
부러예
찾고 있어라

ⓒ이상옥

올괴불주머니

어린 날 노리개 괴불주머니라 우리는 코흘리개였고
그래서 손잔등은 번쩍거렸다 귀나게 접은 새 헝겊
속에 솜을 재우곤 수를 놓았다는 괴불주머니엔
색 끈이 달렸다지 달렸다면서
나에겐 없었던 이 기억을 위하여
오늘은 올괴불주머니 꽃을 본다
동체胴體 같은 긴 꽃대가 늘씬거리다가 그 끝에서
이파리의 부리는 비행하면서
채 회수하지 못한 발톱엔
괴불주머니처럼 화사한
올괴불주머니꽃 한 송이가
낚였다 낚였네
꽃잎은 바람에 바람나 있고
물구나무선 자줏빛 꽃밥이
살려 달라 살려 달라
바람나 있어라
배암 같이 늘씬한 꽃대의

유혹이어
내 어린 날 손등에서
피어라
휘황한 등불
천수만(灣)의 안개가
녹아간다

산자고 그리고 춘란

나는
도시에 나가서
핏발을 세우며
산자고처럼
피었다
꽃잎들이 아우성으로
피었다
방학이 되어
꼿꼿이 돌아온다
들판에서 바람을 만나면
짚단처럼 뒹굴었다
낯선 내가 양지 쪽에서
졸다가 눈을 떴더니
꽃은
춘란으로 돌아와
있었다
저건 춤의

사위냐
저 태몽의 물결
나는
고향으로 돌아와 피었다

생강나무

생강나무를 보고 있으면 혼란이 온다
'동백꽃' 필 무렵이었던가
경춘선 기차역에 내려서 물어 보아야겠다
아, 그렇지 알싸한 냄새라고 했지
그런 줄 모르고 통영 앞바닷길에 가서
빨간 동백에 시큼거리려고 했지
생강나무를 보고 있으면
그리움이 온다
알싸했던가
노랗던가
빨갛던가
4월
이 어지럼

ⓒ이상옥

ⓒ이익섭

갈퀴현호색

피자마자
꽃잎에
하늘빛이 내려앉고
같은 가지에
너댓마리가 퍼덕인다
대공大公이 미끌어져 온
나무 둥치의 청태靑苔 골
갈퀴현호색
소곡小曲
유리 세공의
어안魚眼이 영롱하다

느쟁이냉이
축령산 보고祝靈山 報告

"제가 지난달에 예고했던 대로 오늘은 축령산 사진 몇장 보냅니다. 마침 한창 개화 중이던 홀아비바람꽃과 느쟁이냉이 꽃입니다. 홀아비들은 외로움을 이기자고 하는 것인지 여기저기 모여 있었고, 느쟁이는 마침 좋은 모델들을 만났는데 여느 냉이계통 꽃들과는 달리 제법 photogenic하더군요." (우계)

제법 사진 빨이 사진 빨이
선다냐
느쟁이냉이
그래 그렇게 그냥
넘어갈 게 아니라
그 맑은 얼굴로
어찌 축령祝靈이라고

ⓒ이상옥

차라리
악령惡靈을 불러주마
저 맨얼굴에
이제사
꽃술이
하늘거린다
꽃잎 하늘에
오 축령을

개불알꽃

"오늘은 지난 주에 동호인 두어 사람과 어울려서 찾아갔던 강원도 정선에서 본 꽃 세 가지를 골라 보냅니다. 개불알꽃은 많은 사람들이 복주머니난초라고 부릅니다만, 저는 개불알이라는 말이 풍기는 그 해학성을 높이 사기 때문에 개불알꽃이라고 부르기를 즐깁니다. 남채濫採로 인해 자꾸만 자생지에서 사라지고 있다고 합니다만, 그 강가 어느 가파른 절벽에 붙어사는 녀석을 보고 왔지요. 오랜만에 다시 상면하니 어찌나 가슴이 두근거리던지요." (우계)

개고
불알이고
꽃이고
너를 만나
가슴이 두근거렸다고
초파일
내가 만든
연등의
꽃이어 잎이어
저 연鳶살이어

너를 달고
가슴이 두근거렸다고

큰괭이밥

저 여자를
저 꽃을
어디서 보았던가
이 봄 가면
또 잊어버릴 것을
꽃잎의
실핏줄
저 애상哀傷을
너는
간밤에
그리 울어 놓고

ⓒ이익섭

ⓒ이익섭

갯메꽃

창을 열면
열지 않아도
익어가는 보리밭 냄새
영嶺 너머
바닷가에서는
갯메꽃이 맡는
바다냄새
우리는 바다의 교향交響을
그립지 않는다
오 싱그러운
코
잔등이어

눈물

요새
내 의도 없이
눈물이 흐른다
심해深海에서
만나는
내 본연本然
짠 눈물이어
내 의도 없이
싱거워라
싱거워라

산해박

"해마다 같은 꽃들을 보고 또 보고 하는 것이지만 볼 때마다 조금도 지겹지가 않으니 웬일인지 모르겠습니다. 오늘은 우선 산해박입니다. 이 녀석들은 종일 봉오리를 오므리고 있다가 오후 6시경에 개화를 시작해서 6시 반경이 되어야 만개하는 통에 오랫동안 기다리면서 같은 모델을 지켜보아야 했습니다."(우계)

한 소절小節이
산해박
한 무리 꽃처럼
핀다면
내 숨은
아직 피지 않는
다문 꽈리 같은
몽우리들에서
가다듬으리
어느샌가
산해박 씨방
저 긴 휴지부休止符

ⓒ이상옥

어리연꽃

하얀 꽃이 물속에 어리었을 때는 그도
그늘이어니 가맣다 훤칠한 모가지
꽃대의 수심水深이 있다
오 미생微生
내 삶의 파장波長
살별이 헤엄쳐간 긴 선조線條
어릿어릿 저 꽃잎
자잘한 고비여

ⓒ이상옥

사마귀꽃풀

어떻게 되나요
수술이
하얗게 여리다가
청회색의
가슴앓이 시절
그새
유색乳色 암술
백라白裸의 스스럼
오
수술의 자위自慰
자주紫朱입네
이제사 순녀順女의 꽃잎
복숭아 빛
변방에서 물들어오니

ⓒ이익섭

금강애기나리

저 바람개비
멈추어 섰다
짙은 갈색의 반점을
어디선가 묻어 왔다
저 작은 꽃잎에도
세월의 무게가 얹히는가
벼 포기와 벼 포기 사이를
밀고 가던 제초기에 감기던
물소리가 들린다
오 가혹하지 말자
금강애기나리 꽃을
논매던 내 어린 날
꽃잎들에
감겨 온다

ⓒ이익섭

큰용담

설핏한 햇볕 등지고
형수는
어린 조카에게
젖을 물리다가
돌아앉네
저 인디언 핑크빛의
저고리
가슴 불룩해라
가을날
큰용담
저 꽃
꽃잎 벌지 않고
불룩해라

ⓒ이익섭

ⓒ이상옥

산국 山菊

말도 말게나 나를 보지 않고 떠나는 나그네는
십리도 못 가서 돌아선다네 산모롱이 휘돌며
어디 가서 가을을 데리고 오랴
코 흘리다가 마른 가슴
가을 보고 있는데

마키노국화

귀 먼 나에게 소리친다
닝닝 닝닝 벌 소리
저 난청지대
날
수수꾸게 한다
이 가을
꽃패들이
수수꾸게 한다

ⓒ이익섭

송추계곡 단풍

송추계곡의 단풍을 보면서
저 추상의 핏빛
구상으로만 살아온 나에게
수채의 관념
아니 관념의 나상
내 혈혈의 적개의
눈빛
추상 구상의
가을 어느 하루의 길목
저 단풍에서
서성거린다

초우재草雨齋 어제

눈이 내린다
세상이 침묵해 간다

댓잎 하나의
저 파르르

눈이 내린다

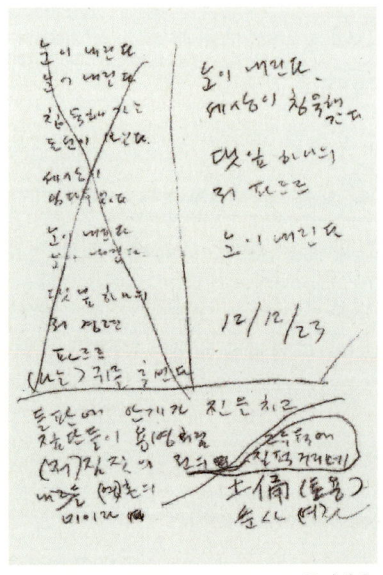

ⓒ이상옥

발跋

사람, 꽃 그리고 시

김 명 렬 (서울대학교 명예교수 · 영문학)

1.

내가 남정南汀 김창진金昌珍 선생을 처음 만난 것은 한 지인의 출판기념회에서였다. 순서가 다 끝나고 헤어질 때쯤에 하객 중의 한 분이 우계友溪 이상옥李相沃 선생과 나에게 다가와서 당신의 아들이 영문과를 졸업한 김 아무개라며 인사를 해왔다. 우리는 둘 다 김 군을 가르쳤기 때문에 그와 반갑게 수인사를 나눴다. 그런데 우계는 나와는 달리 반색하는 품이 유별했다. 알고 보니 우계의 산문집에 감명을 받은 남정이 그에게 글을 보내와서 그 둘 사이에는 그날 처음 상면하기 전에 벌써 문교文交가 있었던 터였다.

그 후 얼마 안 되어 우리 셋은 동인지 모임인 남풍회南風會에 같이 회원이 되어 다시 만났다. 동인지 첫 호를 내기 전후해서는 여러 가지 의견을 모으기 위해 자주 모임을 가졌는데, 그때마다 남정은 우리에게 각별한 호의를 보였고 우리는 그의 소탈하면서도 다정다감한 인품에 호감을 느껴서 가까워지기 시작했다.

좋은 인연은 늘 그렇듯이, 남정과의 관계도 시간이 흐를수록 깊은 맛을 더해 갔다. 그것은 그에게 호감이 가는 면이 그만큼 많다는 뜻이 될 것이다. 남정을 만나는 사람은 우선 그가 티 없이 맑은 영혼의 소유자임을 담박에 알게 된다. 언제나 미소를 머금은 온화한 표정과 겸손한 언사로 사람을 반기는 그를 마주하면 누구나 그 점을 직감할 수 있을 것이다. 그처럼 맑은 영혼을 가질 수 있는 것은 그의 마음이 선의로만 빚어져 있기 때문이리라. 그는 남을 비판하거나 남에 대해서 부정적인 얘기를 하는 법이 없다. 혹 누가 마음에 들지 않는 짓을 하더라도 끝내는 좋게 해석하려고 한다. 이런 마음에 무슨 그늘이 있을 수 있겠는가? 이러니 그가 자기의 이익을 위해 남과 다투거나 겨루는 것은 상상할 수가 없다. 그를 보고 있노라면, "도대체 저렇게 선량하기만 한 양반이 어떻게 이 험한 세파를 헤쳐 왔을까?"하는 의문을 갖지 않을 수 없고, 그래서 마치 멸종위기의 희귀한 존재를 대하는 느낌이 든다.

그러나 그와 조금 더 깊이 사귀어 보면, 그의 진정한 매력은 이 시끄럽고 번잡한 현실세계와는 동떨어져 사는 듯한 바로 그 표일飄逸한 기풍에 있음을 알게 된다. 가령, 사람을 응시하고 있지 않을 때의 그의 눈길은 허공을 달리고 있는 것 같고, 그의 마음은 시공時空으로 멀리 떨어져 있는 곳을 떠돌고 있는 듯한데, 이럴 때는 그에게서 가히 적선謫仙이라고 부르면 걸맞을 풍모가 엿보이는 것이다. 또 그는 소년의 청순한 감각을 고스란히 간직하고 있어서, 그가 자란 낙동강 하구 갈대 우거진 강마을에서 어릴 적에 보고 느꼈던 것들이 그에게는 과거의 기억이 아니라 현재의 체험같이 생생하게 살아 있는 것이다.

이런 순진무구한 품성을 가진 남정이 시인인 것은 너무나 당연한 일이다. 그는 본태적本態的으로 시인이다. 이것은 그가 시를 짓는 사람이라는 통상적인 의미에서가 아니라, 타고난 그대로가 시인이라는 뜻에서 한 말이다. 소년의 섬세한 감각뿐만이 아니라, 세상을 경이의 눈으로 바라보며 그것이 베푸는 아름다움에 매번 첫사랑같이 도취하는 순수함을 갖춘 마음이 곧 시인의 마음이라면, 남정은 늘 그런 마음이다. 즉, 그에게는 평상심이 시심이고 시심이 평상심인 것이다. 그러므로 그는 항시 시를 살고 있는 시인이다.

이런 특이하고 매력적인 인품에 끌려 우계와 나는 남정과 가까워졌지만, 우리의 교유가 갑자기 밀도를 더해가기 시작한 것은 모산茅山 이익섭李翊燮 선생이 우리와 합류하면서부터이다. 모산은 우계와 나와 함께 대학의 동료였을 때부터 취미활동도 같이 하고 여행도 자주 같이 하는 자별한 사이인데, 그는 우리보다 3~4년 뒤에 동인이 되었다. 그런데 그가 남풍회에 입회하여 남정을 만나자 둘 사이에는 곧 수어지교水魚之交가 이루어진 것이다. 모산은 남정의 섬세한 감각과 특이한 문체에 매혹되었고 남정은 모산의 예민한 감수성과 표현력에 경탄했다. 그래서 둘은 서로 물을 만난 고기 같았던 것이다. 이리하여 늘그막에 우리의 친교親交가 시작된 것이다. 우리는 스스로를 "맥파麥波"라 부르며 만나서 담소를 나누기도 하고 전람회나 음악회에 가기도 했지만, 그것으로는 미진한 듯이 거의 매일 전자메일은 주고받게 되었다.

그 무렵 우계와 모산은 다른 한편으로 인터넷 야생화 동호회에 가입하여 야생화 촬영에 한참 몰두해 있었다. 나는 회원도 아니면서 산 좋고, 꽃 좋고, 벗이 좋아 그들의 출사出寫 때 여러 번 따라다녔다. 출사에서 돌아오면 우계와 모산은 꽃 사진을 메일에 올렸고, 가끔 나도 덩달아 소형 디지털 카메라로 찍은 하찮은 사진을 올리기도 했다. 우리는 그렇게 사진을 돌려 보며 간단한 품평이나 소감을 써 올렸는데, 언제부터인가 남정은 시詩로 화답을 했다. 처음에는 어쩌다 좋은 시상詩想이 떠오른 경우인가 보다 했는데 주의해 보니까 꽃 사진이 오를 때마다 시가 오르는 것이었다. 이들 야생화 촬영가들은 한 번 출사하면 보통 수백 장의 사진을 찍어 오므로 한 번에 적으면 두세 가지, 많으면 대여섯 가지의 꽃 사진을 메일에 올렸는데 남정은 그 꽃들에 대해 하나도 빠짐없이 시를 지어 내었다. 그것도 한참 있다가 시가 올라오는 것이 아니라 사진이 오른 다음 날에, 어떤 경우는 사진을 올린 지 불과 몇 시간만에 시가 나왔다. 그렇게 짧은 시간 내에 쓰인 시임에도 불구하고 그것들은 놀라울 정도로 정교하면서도 완성도 높은 작품들이었다. 그 꽃시들은 때로 절묘한 이미지로 꽃의 특징을 잡아내는가 하면, 때로는 그윽한 울림으로 우리를 감동시켰다. 또 그럼으로써 꽃 사진을 예술적으로 한층 격상시켜주었다.

 이런 사정이 계속되자 사진이 올라오면 곧 남정의 시가 뒤따를 것을 모두 예상하게 되었다. 그러면서 사진을 올리는 쪽이 좀 불안감을 느끼기 시작했다. 사진 찍는 것도 물론 힘들고 공이 드는 일이지만, 그러나 어찌 시를 짓는 어려움에 비할 것인가? 사진을 올리면 또 남정이 시를 짓느라고 수고하실 텐데 그것이 그에게 과한 부담이 되지 않을까 저어하는 마음이었다. 더구나 남정은 우리들 중에 제일 연장일 뿐 아니라 스스로를 "노옹老翁"으로 자처하는 노인 아닌가? 그런 안쓰러운 마음에서 게시자揭示者가 "이 사진은 시원찮은 것이니 시를 다느라고 애쓰지 마십시오"라고 단서를 붙여 보내기까지 해 보았으나 남정은 막무가 내였다.

우리의 우려에 대해 남정은 꽃 시를 다는 것이 자신에게 새로운 기쁨이 되었다면서 우리가 자기에게 "꽃을 메긴다"고 하였다. 주지하다시피 "메기다"는 어원적으로 "먹이다"에서 온 말이다. 이런 뜻으로 보면 우리가 그에게 억지로 꽃 사진을 안겨서 시를 쓰게 한다는 말이 된다. 동음이의어同音異義語 구사에 능숙한 남정이니까 그의 발언에는 이런 농담의 뜻도 물론 들어있을 것이다. 그러나 원래 이 말은 한 사람이 먼저 한 토막의 소리를 하면 여러 사람이 그에 화답하거나 따라 부르는 우리의 전통 민요에서 뒷소리를 유도하기 위해 선창하는 것을 뜻한다. 이렇게 보면 꽃 사진이 시를 이끌어 냈으며 시는 꽃 사진에 대한 자연스런 화답이라는 말이 된다. 한걸음 더 나아가, 민요에서 뒷소리는 앞소리를 반복하거나 약간의 변화만 가하고 거의 그대로 부르는 것이니까, 남정도 크게 수고하지 않고 시를 지었노라 하는 뜻도 된다.

그의 발언이 이 마지막 뜻을 함축하더라도 그것은 겸양일 뿐이다. 그러나 한 가지 우리가 공통으로 느낀 것은 그가 상당히 많은 시를 놀랄 만큼 짧은 시간 내에 써 내고 있다는 점이다. 그것은 마치 그의 가슴 속 깊이 숨어 있던 시의 샘이 꽃 사진으로 출구를 찾아 끊임없이 솟구쳐 나오는 것 같았다. 또는 워즈워드W. Wordsworth가 시를 정의하면서 "강력한 느낌의 자연발생적인 넘쳐흐름 spontaneous overflow of powerful feelings"이라고 말한 부분이 있는데, 바로 그 같은 현상이 그에게서 일어나고 있는 것 같았다. 다시 말해서, 남정이 꽃시를 짓는 일이 우리가 걱정하는 것처럼 크게 부담이 되지 않나보다 하는 생각이 우리에게 들게 된 것이다. 그래서 우계와 모산은 별 거리낌 없이 꽃 사진을 보냈고 남정은 즉각적으로 시로 화답하였으며, 그러기를 몇년 계속했다.

그러다가 재작년 어느 날 남정이 드디어 1,000번째 시를 올렸다. 우리는 모두 이를 축하하면서, 이제 그것을 엮어 시사집詩寫集을 낼 것을 건의했다. 처음에는 사양하던 남정도 계속되는 권유를 받아들여서 문재文才가 뛰어난 한 옛날 제자에게 선별을 맡겨 그중에서 200여 편을 추려내었다.

그러고도 한참 소식이 없더니 작년 초에 『오늘은/자주조희풀/네가/ 날/물들게 한다』라는 시집 가제본 판이 맥파에게 우송되어 왔다. 반갑게 펴보니 남정의 들꽃 시집인데, 시와 함께 있으리라고 기대한 꽃 사진이 없었다. 우리는 이구동성으로 사진을 넣어야 완전한 시집이 된다고 주장하였다. 그것은 많은 독자들이 시의 소재가 된 들꽃의 모양을 모를 뿐만 아니라, 꽃을 아는 사람들이라도 시에 나오는 비유나 이미지를 제대로 이해하기 위해서는 꽃의 배경, 명암, 색조 등을 봐야한다고 생각했기 때문이다.

남정도 이에 동의하면서도 사진 인쇄 기술이 좋지 않은 출판사에 맡기고 싶지 않다는 뜻을 밝히면서 적극적으로 나서지 않았다. 그러자 남을 돕는 데에 언제나 앞장을 서는 우계가 자신이 알아보겠노라고 하며 출판사 선정하는 일을 자임하고 나섰다. 그러더니 드디어 국내 굴지의 출판사인 신구문화사의 동의를 받아내었다. 신구는 우계의 『가을 봄 여름 없이』와 모산의 『꽃길 따라 거니는 우리말 산책』을 내면서 최고 수준의 사진 인쇄 기술을 이미 보여주었기 때문에 남정도 흔쾌히 승낙하였다.

이처럼 이 책은 맥파의 교유와 불가분의 인연을 갖고 있을 뿐 아니라, 실제로 책을 만들어 내는 데에 맥파 구성원들이 고루 힘을 보탰다. 시를 지은이는 물론 남정이지만, 우계는 출판사를 알선했고 사진도 많이 제공했으며, 모산은 사진을 제일 많이 제공했다. 나만 시원찮은 사진 서너 점 제공했을 뿐이고 다른 기여도 한 바가 없는 형편이었다. 그런데 남정이 서문과 사사謝辭에 나까지 거명하겠다 하여 꼭 무임승차를 하는 것같이 계면쩍고 빚진 마음이던 차에 남정과 우계가 시집에 발跋을 붙이라고 종용해 왔다. 그 일을 제대로 감당할 능력이 못됨을 스스로 알기에 처음에는 완강히 거절하였으나, 거듭 요청을 받자 그것으로라도 작은 기여를 하는 편이 낫겠다고 생각하여, 끝내 사양하지 못하고 이 글을 쓰게 된 것이다.

2.

꽃을 주제로 한 시라면 꽃의 아름다움을 노래한 시라고 생각하게 된다. 그런데 꽃의 모습을 구체적으로 기술記述하여 그 아름다움을 재현할 수 있을까? 우리는 옛날 김황원金黃元의 고사를 잘 알고 있다. 부벽루浮壁樓에 올라가서 그곳에서 본 아름다운 경관을 시로 지으려다가

長城一面溶溶水　긴 성 한 면에는 용용히 흐르는 강이요
　　大野東頭點點山　넓은 들 동쪽에는 점점이 산이로다

두 줄을 쓰고는 더는 못 짓고 울고 내려갔다는 이야기이다. 김황원이 본 경관은 위에 든 대구對句의 내용 외에도 하늘, 구름, 마을, 논밭, 수목 등 더 있었을 것이다. 그러니까 그가 더 쓰지 못한 것은 쓸 것이 없어서가 아니었다. 운위할 대상은 더 있었지만 그런 것을 나열해 보아도 그 경관을 보고 느낀 감동을 전할 수 없기 때문이었을 것이다. 김황원이 실패한 원인은 경관의 각 부분을 대상화하여 그것을 객관적으로 기술함으로써 전체 경관을 재현하려고 한 데에 있다.

　원래 그 자체로서 이미 고도의 완성도를 지닌 것은 다른 수단으로 옮길 수가 없는 법이다. 아무리 아름다워도 다소 거친 데가 있는 자연경관도 이처럼 객관적 세부묘사로 재현할 수 없거늘, 하물며 가장 아름다운 자연의 피조물인 꽃을 어찌 필설로 옮길 수 있을 것인가. 이 많은 꽃시를 쓴 시인은 우리에게 그런 잘못된 기대는 갖지 말라는 듯이 다음의 시를 보여주고 있다.

　　　저 빛
　　　청람靑藍

내 마음

물들이는

감색紺色

초롱 청사靑紗

푸른 빛 띤

남색藍色

내가 더듬거리네

금강초롱

꽃빛

저녀의 야청野靑

마음 흔들릴라

그래

아 아청鴉靑인가

　　　　(「화악산 금강초롱꽃」 전문)

웬만한 야생화 애호가는 다 아는 바이지만, 화악산 금강초롱꽃은 푸른빛이 짙어 빛깔이 곱기로 유명하다. 시인의 관심을 끈 것도 바로 "저 빛"이었다. 시인은 꽃 전체도 아니고 그 빛깔 하나를 묘사하려고 하는 것이다. 그는 "청람"에서 시작하여 "감색"을 거쳐 "남색" "야청" "아청"에 이르지만 끝내 적당한 단어를 찾지 못한다. 또 "내가 더듬거리네"라는 발언도 확신하지 못하는 시인의 마음을 내비친다. 그 빛깔은 결국 "금강초롱/꽃빛"이라는 동어반복으로밖에 달리 표현할 길이 없는 것이다.

  그렇다고 이 시가 시적 효과를 이루지 못하고 있다는 뜻은 아니다. 이 시는 화악산 금강초롱꽃의 빛깔이 우리에게 주어진 색채어로는 잡을 수 없을 만큼 신비한 빛깔이라는 것과 그 아름다움에 심취한 시인의 심정을 효과적으로 전달하고 있기 때문이다. 그럼에도 불구하고 이 시는 다른 한편, 꽃을, 아니 그 빛깔 하나도 여실히 기술하는 것이 불가능하다는 것을 증언하고 있는 것이다.

  그렇다면 시인이 할 수 있는 것이 무엇일까? 그것은 꽃을 묘사하는 것이 아니라, 꽃을 봄으로써 촉발된 그의 느낌을 재현하는 일일 것이다. 그리고 그 느낌은 이제 그 꽃이 아닌 다른 구체적인 사물에 의해 비유됨으로써 재현될 수 있을 것이다. 그 구체적인 사물은 시인이 꽃을 본 순간 떠올린 자유연상이나 기억의 내용일 터인데, 남정의 경우, 그것은 동식물 또는 강, 산, 나무 등 자연물이나 시, 그림 등 예술작품이기도 하지만, 가장 큰 비중을 차지하는 것은 여인이다. 그에게는 할머니, 어머니, 누님 등, 가족이나 친척 말고도, 그가 실제로 또는 상상 속에서 이성異性으로 만난 많은 여인이 있다. 때론 그 여인들이 꽃과 대비되거나 아예 꽃의 화신化身이 되기도 하고, 때론 그들의 일부가, 또는 옷의 무늬가 꽃에 비유되기도 한다. 전자의 예를 하나 보자.

비단 옷
벗어버리고
베적삼으로
갈아입어도
당신은
고운 여인
이 아침
맨살의 당신을
훔치노니
　　(「연령초」 전문)

무엇을 걸쳐도 아름다운 여인이지만 그녀가 가장 매혹적일 때는 나신裸身일 때일 것이다. 시인은 연령초꽃에서 나신의 미녀를 떠올리고 있는 것이다. 그런데 거기서 그치는 것이 아니라 그는 한걸음 더 나아가 "맨살의 당신을/훔치노니"라고 쓰고 있다. "나신"이 아닌 "맨살"이라는 말이 주는 육감적인 매력과 "훔치노니"에 깔린 욕망이 어우러지면서 놀라운 관능성이 빚어진다. 아무 한정어가 붙어 있지 않은 나부裸婦는 추상명사처럼 직접성이 결여되어 있지만 이렇게 화자의 욕망의 대상으로 제시되자 아연 현장감 있는 구체적인 이미지로 살아나는 것이다. 나는 앞서 남정이 소년의 마음을 그대로 간직하고 있어 시간적으로 현실세계를 떠나 있는 듯한 표일한 품성을 갖고 있음을 지적한 바 있다. 이제 나는 그가 팔십 고령에도 젊은이의 감각을 이처럼 변함없이 지니고 있음을 그 위에 첨언하고 싶다.

나뿐만 아니라 우계도 일찍이 남정이 올린 이 시집의 표제시, 「오늘은/자주 조희풀/네가/날/물들게 한다」를 읽고 이런 관능성을 느낀 나머지 지용芝溶의 시구를 인유하며 다음과 같은 감상을 올린 바 있다.

…읽자마자 이국종異國種 강아지에게 발바닥을 핥히우는 듯한 느낌이 들었다는 말씀이나 해 둘까요? "파랗게/파랗게/오/진한 계집애의/입술이어"라니요? 간지럽기도 하고 짜릿하기도 하고, 하여간 sensualism의 한 극치를 보는 듯했다는 말입니다.

사실 이 시집을 읽는 즐거움 중의 하나는 여기저기에서 보이는 이런 관능적 표현의 아름다움을 대하는 것이다. 한 예를 더 들면, 시인은 말나리에 대해서 다음과 같이 읊고 있다.

    혼야의
    혼란

>   닭이
>   꼬끼오
>   목안木雁이
>   푸드덕
>   촛불을 꺼야하리
>   오
>   말나리
>   신부여
>
>   (「말나리 2」 전문)

　초야의 신부는 밤늦도록 몸을 허락하지 않으며 신랑과 승강이를 한다. 그러다가 첫닭이 울 때쯤에야 나무 기러기가 살아나 날갯짓을 하듯, 목석같던 신부가 반응을 보이기 시작한다. 그래서 드디어 촛불을 끄고 합환이 시작된다.
　시인은 꽃술이 길게 자라고 꽃잎은 활짝 젖혀진 말나리에서 성숙할 대로 성숙한 처녀를 본 것이다. 부끄러워 고개를 숙였는데 아무리 가리려 해도 난숙한 몸매는 가릴 수 없고 그래서 더 부끄러워 얼굴 붉어진 이 처녀는 단순히 청순한 미가 아니라 관능의 미를 가진 여인이다. 이 모든 것을 하나로 포섭할 수 있는 것으로 초야의 신부보다 더 적절한 이미지가 어디 있겠는가?
　위의 두 경우에서 보았듯이 꽃을 여인으로 대치했을 경우 꽃의 아름다움은 여인의 아름다움으로 치환된다. 모든 아름다움은 인간화한 개념으로 매개되었을 때 가장 친숙하게 인식되기 때문에 그런 치환은 꽃의 아름다움을 훼손하는 것이 아니라, 오히려 그것으로 하여금 우리에게 더 친연적親緣的이고 직접적인 호소력을 갖게 하는 것이다.

위의 두 시에서 우리는 또한 시행이 매우 짧은 것을 발견하는데, 이것은 남정의 시의 특징 중의 하나이다. 시라는 형식이 원래 장황한 것을 용납하지 않지만, 남정은 특히 간결한 것에 대해 남다른 집착을 보이고 있다. 그것은 그가 한 개 내지 두 개의 이미지로 시를 구성하기를 즐기는데, 서술을 짧게 할수록 이미지의 선명성을 극대화할 수 있기 때문일 것이다. 우리는 「배풍동 1」에서 그 한 좋은 예를 볼 수 있다.

> 부리 긴
> 한 마리의 새
> 초원을 쏘다

새의 이미지에 "쏘다"가 더해짐으로써 활과 화살의 이미지가 추가된다. 그 결과 새가 살처럼 날아가는 느낌이 이루어지면서 날렵한 배풍동의 모습이 약여하게 나타난다. 이 시는 행이 짧을 뿐만 아니라 행수도 셋 밖에 안 된다. 그러면서 매우 인상적인 이미지를 구사한다는 점에서 일본의 하이꾸俳句를 닮았는데, 17음

절인 하이꾸보다 짧으면서도 하이꾸를 능가하는 시적 효과를 성취하고 있는 것이다.
 남정의 이 같은 간결지향적인 시풍詩風은 그의 시에 함축의 아름다움을 더해 준다.

> 해가
> 넘어갈 때의
> 억새는
> 어땠을까
> 해가
> 넘어가고
> 난 뒤에는
> 내가
> 나에게
> 묻고 있다.
> 　　(「억새」 전문)

 여름이 끝나고 가을이 왔음을, 이제 천지에 조락凋落의 계절이 왔음을 알리는 대표적인 식물이 물가의 갈대와 산야의 억새일 것이다. 집 주변에 갈대밭이 있는

곳에서 자란 남정은 억새를 보았을 때 이런 쓸쓸한 감회가 남달랐을 것이다. 그런 심경을 시인은 해질 때의 억새를 상상하는 데에서 내비치고 있다. 일 년 중 가을은 하루로 치면 해 질 때가 아닌가. 그런데 시인은 해 질 때를 "해가/ 넘어갈 때"라고 표현하고 있다. 이런 데에서 우리는 그가 어휘선택에 얼마나 세심한가를 엿볼 수 있다. "해가 넘어간다"는 말은 "해가 진다"는 말 보다 훨씬 더 동적이고, 그래서 더 극적인 느낌을 주는 말이다. 가령 "서산에 걸렸던 해가 꼴깍 넘어갔다"는 말에서 느낄 수 있듯이, "넘어갔다"는 말에는 마지막까지 끝나고 말았다는 최후성과 다시 올라올 수 없다는 불가역성이 짙게 배어있기 때문이다. 이렇게 정선된 어휘로 아쉬움을 자아내는 분위기를 설정해 놓고 시인은 그때의 억새가 "어땠을까"라고 묻는다. 그것은 "억새의 모습이 어땠을까?"라는 뜻도 되지만, 그보다는 억새를 의인화해서 "억새의 심경이 어땠을까?"라는 뜻으로 더 우리에게 다가온다. 우리는 여기서 억새를 대신해서 아쉬움, 쓸쓸함, 서글픔 등을 느끼게 되는데, 그것은 시인이 그중 어느 한 가지도 언급하지 않고 단지 "어땠을까"라고 말함으로써 그 안에 함축되어 있던 의미들을 살아 나오게 한 것이다.

    이런 함축의 묘는 그 다음에도 계속된다. 시인은 억새에게 했던 질문을 스스로에게 하는 것이다. 그런데 억새에게 물은 것은 해가 지고 있을 때였지만, 자신에게 묻는 지금은 이미 해가 지고 난 다음이다. 억새가 가을에 있다면 자신은 겨울, 인생의 종착점에 와 있는 것이다. 또 아까는 억새라는 대상이 있었지만, 지금은 혼자뿐인 고독한 상황이다. 시인은 그 점을 강조하기 위해서 "넘어간/

뒤에는"이라고 하지 않고 "넘어가고/ 난 뒤에는" 이라고 하여, "난나는," "내," "나"가 세 번 겹치게 하고 있다. 우리는 여기서 어둠 속에 혼자 서서 말년에 이른 자신의 심경을 관조하는 노시인을 보게 된다. 아까의 질문은 비감함을 언급함이 없이 비감함을 불러일으켰었다. 그러나 이번에는 그 질문조차 반복되지도 않고 단지 "묻고 있다"라고만 되어 있는데 그 묵언이 백 천 마디의 말보다도 더 효과적으로 비감함을 독자의 가슴에 깊이 울려 퍼지게 하는 것이다.

남정은 이외에도 여러가지 주목할 만한 시적 기교를 구사하고 있다. 가령 「물매화 2」 같은 작품은 서양말과 서양문학에 길들여진 우리 같은 자들에게는 특히 흥미롭고 또 시사하는 바가 많은 작품이다.

> 날 언덕에
> 세워 보아라
> 바람 속에 놓아 보아라
> 네가 흔들릴지니
> 꽃은 가만 있어도
> 네가 언덕을 넘고
> 바람에 몰릴 테니
> 열에도
> 그랬고

쉰쉰 지금도
그러하거늘
꽃이어
너는 가만
있거라

물매화는 가늘고 긴 대 위에 비교적 큰 꽃을 피운다. 시인은 그 가늘지만 꼿꼿한 대 위에 오연히 핀 꽃 모양에 큰 인상을 받는다. 그래서 그는 「물매화 1」에서 물매화를 "언제나 흔들리지 않을" 꽃이라고 특징짓는다. 「물매화 2」에서 "네가 흔들릴지니"라고 한 말은 "나"는 언덕 위에서도, 바람 속에서도 안 흔들린다는 것을 암시하며, 그래서 그 일인칭 화자는 물매화라고 봐야 할 것이다. 그런데 그 다음의 "꽃은 가만 있어도"의 꽃과, 마지막의 "꽃이어/너는 가만/있어라"의 꽃도 물매화일 수밖에 없는데 전자는 삼인칭으로, 후자는 이인칭으로 지칭되어 있다. 그러면 이 시에서 물매화는 일, 이, 삼인칭으로 제시되고 있는 것이다. 이것은 영시에서는 볼 수없는 현상이다. 그런데 이렇게 인칭을 넘나들어도 그것이 독자에게 혼란을 일으키지 않는 것은 "흔들리지 않는다"는 물매화의 속성이 굳건히 중심을 잡아주기 때문이다. 우리는 입체파 그림에서 서로 다른 방향을 향한 얼굴을 합성하여 한 얼굴의 여러 측면을 표현한 것을 흔히 본다. 그것처럼 어떤 사물을 여러 인칭을 써서 표현하면 그것을 좀더 다양하게 서술할 수 있을 것이다. 이 시는 그런 기법을 시연試演하여 우리 시의 새로운 가능성을 시사하고 있다고 생각된다.

  이상 언급한 것들 외에도 남정은 동음이의어를 이용하여 묘한 공명을 자아내기도 하고 농담기 어린 톤을 취하여 경쾌한 분위기를 연출하기도 한다. 또 다양한 시 형식을 사용하여 시 읽는 즐거움을 더해 주기도 한다. 가령「석남사」는 운율이 있는 시행에다 "아시나요"와 "있었는데"를 주기적으로 반복하여 소리 내어 읽으면 노래가사 같이 흥을 돋운다. 또 뒤로 갈수록 자주 나오는 시형인데, 처음에는 산문으로 시작하였다가 점차 시로 전이되는 형식을 쓰기도 한다. 이런 형식에서는 산문 부분이 시의 배경을 설명함으로써 시의 이해를 더 용이하게 해 주고 있다.

  이쯤에서 나의 어줍지 않은 논평을 마칠까한다. 남정의 이 꽃 시집은 백화가 난만한 꽃밭과 같다. 어디를 가도 아름다운 꽃이 피어 있는 비경이 나오는데 그 길을 모두 안내할 능력이 나에게는 없다. 그러므로 독자 제위는 나의 어설픈 해설에 기대려 하지 말고 스스로 꽃밭으로 걸어 들어가서 도처에 마련되어 있는 꽃과 시의 향연을 마음껏 즐기시기를 권하는 바이다.

2013년 2월